わたしの仕事 3

中小企業診断士

幸本陽平 著

新水社

もくじ

はじめに

中小企業診断士とは、主に中小企業の経営を支援する専門家です。

経営の支援といってもさまざまな内容があり、決まった範囲があるわけではありません。ある人は企業の資金繰りを、ある人は工場の生産性改善を、ある人は人事制度の整備を行います。もちろん一人でこれらを全部こなす人もいます。企業の経営には百社あれば百とおりのやり方があり、そこにはさまざまな課題があります。一社として同じ企業はありません。それだけに、企業を支援するという仕事はすべてがオーダーメイドになります。

中小企業診断士は簡単に言えば経営コンサルタント、企業を支援するプロフェッショナルです。それでは中小企業診断士は本当に経営の「プロ」なのでしょうか。資格を持っているだけで経営のプロを自認して良いのでしょうか。私に関していえば私は一人で活動する自営業者、フリーランスです。私自身が会社を経営しているわけではありませんし、経験もありません。それどころか会社員として管理職になったことすらありません。自分で経営をしているわけでもない私が、経営者に経営のアドバイスなどできるのでしょうか。このような観点から、経営コンサルタントや中小企業診断士のことを「所詮は机上《きじょう》の空論」「人のふんどしで相撲をとっている」と揶揄《やゆ》する人もいるようです。

この点について、私は常に「会社の主役は経営者と、そこで働く従業員である。自分の仕事は働く人たちの『お手伝い』や『支援』であり、自分が経営のプロであるなどと思い上がってはいけない」という気持ちを忘れないようにしています。日々経営を行なっているという点で、その巧拙は別として経営者のみなさんは確実に経営のプロです。それに対して自分ができることは経営者が知らないことや気づかないことを指摘したり、その問題をどうやって解決できるかを考えて一緒に実行する、ということに過ぎません。自分でリスクを取って事業を行なっているわけではないのですから、私たち中小企業診断士がしていることはあくまでもサポートであり、脇役です。決して知識があるから、資格があるからというだけで経営のプロとして肩で風を切ってよいわけではありません。

冒頭でこのようにお話しするのは、中小企業の経営者の方々と日々接し、彼ら・彼女らの苦労や努力を間近で見ているからです。経営者というと組織のトップで思い通りに部下に指示を出して、会社のカネで自家用車を買って……というイメージがあるかもしれません。しかし実際の経営者の苦労は生半可なものではありません。ほとんどの中小企業では経営者は自宅を担保に提供し、個人保証を付けています。会社が傾けば収入どころか、自宅を含めた自分の財産一切を失います。そのリスクは会社員の比ではありません。中小企業の社長は公私混同を非難されることがありますが、マイナスも含めての公私混同です。しかも会社は経営者とその家族の生活、人生、資産と一体化しているため、経営者は辞めたいからといって会社を突然辞められるわけではありません。会社を運営し、資金繰りを何とかして従業員に給料を払い続ける苦労が一生続くのです。

もちろん経営者の経営の巧拙については、優秀な経営者とそうでない経営者がいるかもしれません。しかし、たとえ数人であろうと、人を雇って会社を経営するというだけでも大変な苦労があり、私は尊敬します。私のように一人で活動しているというならまだしも、人を雇用して給料を払い続け、その人が何か起こしたときでもトップである自分が責任を取るという覚悟は、生半可なことでできることではありません。

私は中小企業診断士の資格を取得して5年、独立開業して3年に過ぎません。まだ30代なので、同世代で独立開業している人はほとんどいません。お取り引きをしている企業の担当者の方もほとんどが年上です。そのため、お世辞抜きで私の方が日々教えられることが多いものです。そんな私が本書を通してお伝えできることは、中小企業診断士という資格や中小企業の実態、そして私自身についてのことです。開業する前の会社員時代、そして開業後もさまざまな苦労がありました。もちろん現在でもすべてが順風満帆というわけではありません。しかし私は、この中小企業診断士という道を選んでよかったと思っています。限られた能力と知識ではあるものの、自分が少しでも中小企業の役に立つことができれば、これほどうれしいことはありません。

私は魔法のように企業の売上を突然アップさせることもできませんし、苦境に立たされた企業をあっという間に再生させることもできません。マスメディアでは華やかな部分ばかり取り上げられますが、実際の経済活動は愚直な改善や努力の繰り返しです。そうした愚直な改善や努力をサポートすることによって企業を少しでも良い方向へと導き、共に歩むのが中小企業診断士の仕事であると私は考えています。

中小企業診断士の仕事は決まった範囲があるわけではないだけに、あらゆる可能性が広がっています。経営コンサルティングに限らず、自ら経営者となって事業を行なっても、あるいは執筆や講演の専門家になっても、それはその人の自由なのです。しかし自由であるということは、同時に義務もないので、自分の仕事は自分で作り出す必要があります。そのための根本は「中小企業診断士として役に立ちたい」という心構え、それだけです。その中心さえ失わなければ、自分でいくらでも道を切り開くことができます。

本書は「売れっ子若手コンサルタントの活躍記」ではありません。「こうすればあなたも成功する!」という独立ハウツー本でもありません。一人の中小企業診断士がもがき、苦しみ、悩みながら道を切り開こうとしている途中の記録です。それと同時に、中小企業診断士の仕事の素晴らしさ、喜びや楽しみもまた同時に伝えることができればと思っています。

本書は私の体験したエピソードを掲載しています。守秘義務やプライバシーに配慮し、一部の氏名をイニシャルにしています。また、企業や個人を特定されないよう、内容の細部を多少変更している箇所があります。あらかじめご了承ください。

第一章

中小企業診断士とは？

中小企業の実態

あなたは中小企業、中小企業診断士と聞いてどんなイメージが思い浮かぶでしょうか。それは中小企業が身近にあるかどうか、自分や身内が働いているかどうかで変わるかもしれません。私はこれまで比較的規模の大きい企業で働いていたので、中小企業と聞いても、それが大企業とどう違うのかピンと来なかった、というのが正直なところです。しかし現在、中小企業診断士として活動をしていると、中小企業こそが日本の経済や個人の生活の根幹をなしていることを日々実感します。

中小企業庁の統計資料によると、２００９年の中小企業の数は約４２０万社で、これは日本の全企業の数の99・７%を占めます。また、中小企業で働く人の数は約2、３８４万人で、これは全従業者数の66%になります。つまり働く人の3人に2人は中小企業で働いているのです。ニュースなどで取り上げられるのはどうしても大企業が中心であるため、そちらにばかり目が行きがちですが、日本の経済や個人の生活は中小企業によって支えられていることが統計データからもわかります。

しかし多くの中小企業は資本が巨大な大企業に比べ、多方面で劣ることは否めません。そこで中小企業の経営を支援し、日本経済を支えるために中小企業診断士という資格が存在するのです。

中小企業診断士の過去と現在

中小企業診断士のルーツは、昭和27年に通商産業省（現在の経済産業省）が創設した「中小企業診断員」の制度にさかのぼります。昭和38年には中小企業診断員が法定化され、国家試験となりました。平成12年に制度改革するまで、中小企業診断士は「商業」と「鉱工業」、そして昭和61年に追加される「情報」の三つの部門に分かれていました。そのため年配の診断士と話すとき「私は商業で受験しました」といった部門の話題になることもあり、今でも「中小企業診断士は部門が分かれている」というイメージを持つ人も少なからずいるようです。聞いたところでは、以前の資格試験は、中小企業に関する条文をほぼ記憶してそれを答える必要があり、ひたすら暗記力を必要とする試験だったそうです。平成13年からほぼ現在の試験制度となり、平成18年の試験からは一次試験の科目合格などの制度が追加されました。

一昔前の中小企業診断士は「診断」という名称が入っていることからも分かるとおり、中小企業を「診断」、すなわち「この企業の経営のここは良い、しかしここは悪い」と指摘することが主だったそうです。まさに文字どおり診断であり、中小企業診断士の仕事というと「経営のセンセイが経営の正しい点と間違った点を指摘してくださる」というイメージだったようです。

高度経済成長のときだったらこのような指導でも良いでしょう。その会社の問題点を指摘し、一般的に経営において良いとされるあり方、たとえば「在庫を減らしましょう」「納期を守りましょう」といった提言をして、企業もそれを愚直に実行すれば、経済状態と共に経営は良くなっていく可能性が高いからです。

しかし現在の中小企業診断士は、このような「診断」をするだけでは不十分です。それには理由が3つあります。

(1)「良い経営」「あるべき経営」の姿が一つではなくなってきている

世の中には会社の数だけ、あるいは経営者の数だけ「経営理念」があります。それについて差異はあっても「優れた経営理念」「劣った経営理念」はありません。高度経済成長期であれば、会社の課題というのはおおよそ似たり寄ったりで、そのため「こうすればこの会社の経営は良くなる」「だからこの会社の経営理念はこうあるべき」ということが比較的言いやすい状況にありました。しかし現在、会社が向かうべき方向性は一つではありません。先ほど例に出した在庫一つとっても、トヨタ自動車のかんばん方式のように極限まで在庫を切り詰める方法もあれば、鹿児島のA-Zスーパーセンターのように、ありとあらゆる品目を豊富に持つことで人気を集めるという方法もあります。そこで中小企業診断士は自説のあるべき論を押し付けるのではなく、経営者の考える方向性や現在の経営課題、今後の市場の状況などさまざまな要素を考慮に入れた上で、その企業にあった経営のあるべき姿を提案する必要があります。

（2）問題が複雑化・専門化している

グローバル化の進展、ITの発達などにより、経営における課題はますます深化・複雑化しています。そのため現状の「診断」だけを行い、これが悪い、あそこを直せ、などと単純化することは困難です。人間の体にたとえるならば、同じ風邪に見える症状でも昔に比べて悪化が速くなり、かつ深刻な合併症を引き起こす可能性も高くなっている、とイメージしてください。

そのため、たとえば「売上を増やしたい、そのために広告を出したい」という課題一つをとってみても、昔よりも解決すべき要素が複雑になっています。広告といっても、昔ならば予算や狙いに応じてTVなど大規模なマス広告か、あるいは小規模な地域のチラシか、などと選択肢が限られていました。しかし、もしあなたが担当者だったらどう考えるでしょうか。現代は世の中に情報があふれ、広告の価値が低下しています。あなたもテレビや新聞に接する時間が減ってインターネットをする時間が増えたのではないでしょうか。ではインターネットで広告をすればよいかというとそうとも限りません。インターネットと一口に言っても、企業の一方的な情報提供から、ソーシャルメディアとして消費者自身が情報発信の担い手になるなど、情報の流れが変化しています。そんな状況で企業主導の「知らせる」広告が果たしてどこまで効果があるでしょうか。

残念ながらこのような変化に気づいていない年配の中小企業診断士の方も少なくありません。そのため、ソーシャルメディアなどで消費者と結びつくことを提案しても、いまだに「消費者に直接働きかけるなんて非現実的だ、モノを売りたいならたくさんの問屋に扱ってもらうことから考えるべき」という発想から抜け出せない方もいます。

現在の中小企業診断士には、常に最新の事例に接しながら、複雑化・専門化した事例を解きほぐす能力が求められます。

（3）中小企業が実行できなければ意味がない

中小企業診断士の「診断」だけでは意味がない、と言われている一番の理由がこれです。もしもあなたの胃が痛くなって病院に行き、ただ「胃潰瘍です」とだけ診断されて家に帰されたらどう思うでしょうか。病名だけではなく、その病気をどうやれば治療できるのかを教えて欲しい、それが医者の仕事ではないか、と思うのではないでしょうか。

それと同様に、中小企業診断士も「診断」するだけでは不十分であり、役割としては未完であると言ってよいでしょう。問題点や課題がわかったとしても、中小企業はそれを解決するだけの方法を持ちあわせていません。診断した上で「ではどんな状態が望ましいのか」「そのためには何をするべきか」を提案することが中小企業診断士には求められます。

特に大企業出身の人は、自分が勤めていた大企業を基準にして考えてしまい、この「中小企業が実行できること」を考慮するのを忘れがちです。中小企業は一般に人・金・モノなどのさまざまな資源が限られています。たとえば「グループウェアを導入して情報を一元管理する」などと提言しても、

・グループウェアを管理する知識や時間がある人がいない
・ITに慣れていない従業員がグループウェアを使いこなせない
・グループウェアを導入する予算がない

といった諸問題が起きる可能性があります。これが単なる診断だけではなく、中小企業が実行できて効果のある計画を立案する上での難しい点です。

中小企業診断士に求められること

1　積極性

中小企業診断士はいわゆる独占業務、すなわち中小企業診断士だけに許された業務はほとんどありません。中小企業診断士の資格を持っていなくてもコンサルティングをすることは自由ですし、資格の有無に関係なく立派なコンサルタントの方も多数います。そのため、中小企業診断士の資格を取ること自体がゴールであったり、中小企業診断士になった時点で「先生」とちやほやされることを夢見たり、といった人は資格取得には不向きです。

そして独占業務がないということは、言い換えれば法や倫理に抵触しなければ何をしてもいいということでもあります。資格に安住するのではなく、この資格をどう利用するかを考え、自ら動く積極性が必要です。反対に消極的で受け身で待っていても何も起こりません。中小企業診断士の資格はあくまでもきっかけで、それをうまく利用してやるくらいの野心的な気構えが求められます。

2　専門性

中小企業診断士の業務範囲は非常に広大です。だからこそ「自分はこれが得意で他の人には負けません」という専門性が必要です。とはいえ全国で2万人以上もの中小企業診断士がいる中で、他の人に負けない専門性といっても難しいのではないでしょうか。そこで、私の場合は「組み合わせ」で考えています。たとえば私はマーケティングを得意としていますが、ただマーケティングが得意な中小企業診断士は数多くいるでしょう。そこでさらに「高級ブランドの経験がある」「化粧品ビジネスに詳しい」「化粧品から転じて女性向け商品に詳しい」などと組み合わせて、「女性向け商品・化粧品・高級ブランドのマーケティングに強い診断士」となればおそらく私は2万人の中でもベスト10に入るでしょう。さらに「30代」「独立している」「広島在住」などでしぼり込むと、間違いなくオンリーワンになります。

もちろんこの専門性とは自分の業務経験に限りません。たとえば「人の意見を引き出すのがうまい」「イラストを描くのが上手」といったことでもよいのです。自分の専門性は意外と自分では気づかないものです。そんなときは「自分としては当たり前だが喜ばれたりほめられたりした経験」を思い出すとよいでしょう。自分では実感していなくても、それが相手にとっては頼りになる、自分の専門性なのです。

3　中小企業を支援したいという「気持ち」

もちろん中小企業診断士としての能力や専門性は大事です。しかし最後は中小企業を支援したいという「気持ち」です。独占業務がないこの資格が、なぜわざわざ国家資格と位置づけられているのでしょうか。なぜなら、それだけ中小企業が日本の経済を支えており、同時にサポートを必要としているからです。だからこそ、単なる自分磨きや資格ハンターとして資格取得を目指すのではなく、中小企業に貢献する気持ちを強く持つ人だけが、中小企業診断士であってほしいと考えます。

私が中小企業診断士を目指すきっかけも、親戚が中小企業を経営していたことにさかのぼります。苦労していた親戚を見て、こんなふうに経営で苦しむ中小企業を助けたい、と考えたからです。単に資格やスキルアップを目指すのなら、ＭＢＡや他の資格があります。独立するか企業内で勤務するかは別としても、中小企業を支援したいという気持ちを持ち続ける人だけが「中小企業診断士」を受験し、資格を保有し続けるべきだと私は考えます。

資格を取得するには

中小企業診断士になるには、一般に次のステップをクリアすることが必要です。

1　一次試験に合格、2　二次試験に合格、3　実務補習を計15日間受講

他にも、1の一次試験合格後に中小企業診断士の養成課程を修了する、また3の実務補習の代わりに実務従事を行う、といったルートもあるものの、この3つのステップを経由するのが最も一般的なパターンです。それぞれ一つずつ見ていきましょう。

1　一次試験

マークシート式の試験で、科目は①経済学・経済政策、②企業経営理論、③経営法務、④財務・会計、⑤運営管理（オペレーション・マネジメント）、⑥経営情報システム、⑦中小企業経営・中小企業政策の七つです。合格基準は総点数の60％以上で、かつ7科目のうち一つも40％未満の科目がない

ことが求められます。この基準を満たすと、その年と翌年の二次試験の受験資格が与えられます。さらに、もし一次試験に合格できなくても、60％以上の点数を取った科目は科目合格が認められ、翌年と翌々年まで有効になります。

一次試験では、他の資格を持っている場合には一部の科目が免除になります。たとえば税理士や公認会計士は財務・会計が、ストラテジストなどの情報処理技術者試験合格者は経営情報システムが免除になります。しかし、資格保有者ということはその科目が得意だということでもあるので、免除の申請をせずにあえて受験をして平均点の引き上げに利用する、という作戦も可能です。

科目合格の制度は平成18年度から採用されました。科目合格を利用して「今年は4科目の合格、来年は残りの3科目の合格を目指そう」という考えの受験生もいます。試験直前に受験勉強を始めたため学習期間が極端に短い人ならば、今年はまず7科目のうち4科目だけ……と取り組むのもやむを得ないかもしれません。しかし、私はこのような科目合格狙いはあまりおすすめしません。基本は7科目同時合格を目指すべきだと考えます。

なぜかというと、一次試験は中小企業診断士になるための最初のステップに過ぎないからです。厳しい言い方になりますが、ここでもたついているようでは二次試験の合格、さらには資格保有者として活動するには能力が不足していると言わざるを得ません。一次試験の合格率は平成23年度で16・4％ですので、難関試験というイメージがあるかもしれません。しかしマークシートで比較的取り組みやすい試験ですので、時間さえかければ誰でもかなりの確率で合格できます。ただしどうしても年ごとの問題との相性もあるので、不運にも60点を割る、あるいは40点をも割ってしまうこともあるでしょう。科目合格はそのような不運な人の救済策としてのみ考え、あくまでも一度で全科目の合格を目指すべきです。

私はそのような考えで臨み、幸いにも一度で合格することができました。私は大学時代に商学部だったので「経済学・経済政策」や「企業経営理論」は基礎を理解していました。さらに資格は持っていませんでしたが簿記も2級レベルの学習をしていたので「財務・会計」もすんなり学ぶことができました。そのため、ゼロから学習しなければならないのは残りの4科目だけで、この点では他の受験生よりも有利でした。

特に初学者にとって難関となるのが財務・会計であると思われます。資格予備校ではサポートがあるものの、簿記3級レベルの知識があることを前提に授業が行われます。簿記は知識の積み上げが重要なのにもかかわらず、予備校ではどんどん高レベルの内容に進むので、ここで挫折してしまう人が多いようです。私もキャッシュフロー計算書を学んだときは、講師が何を言っているのかわからずちんぷんかんぷんな状態でした。ある税理士によると、中小企業診断士の簿記の試験は、内容の広さだけで言えば簿記1級や税理士試験よりも広いのだそうです。それだけの内容を7科目の一つとして学ぶのですから、財務・会計の是非が大きな分かれ目となります。財務・会計は二次試験でも重要ですし、実際の企業の診断をする際にも必須ですので、受験を目指す人は苦手意識があっても、きちんと学習して押さえておくべきです。

一次試験は8月上旬、真夏の日差しが厳しい暑い時期に二日連続で行われるので、体調管理も重要です。ただでさえ体力が消耗する夏の時期ですので、一日目の試験が終わった夜は街に繰り出したりせず、体力と頭脳の回復に努めましょう。試験会場によっては冷房が効き過ぎる場合もあるので、羽織れる長袖も用意しておくとよいでしょう。また、会場が遠方の人は受験会場の場所や交通手段の確認も万全にしておきましょう。タクシーの運転手に試験会場の○○専門学校に行くように告げたら同じ名前の○○大学に連れて行かれて遅刻した、というケースを聞いたことがあります。また、沖縄在住の人が台風で飛行機が飛ばなかったため受験できなかったという例もあったそうです（これは本人に落ち度はないのですが）。

2　二次試験

二次試験は筆記の論述試験と面接試験です。論述試験は1科目80分で4科目が行われます。試験時間が1日でトータル5時間20分もあるので、かなりの体力と集中力が必要となります。私も疲労対策としてチョコレートや酸素吸入の缶などを用意しておきました。受験会場の廊下の隅で酸素を吸う姿はかなり怪しかったと思いますが、受かるためだったら、なりふり構ってはいられませんでした。酸素が効いたかどうかは正直なところよくわかりませんが。

科目は「組織・人事」「マーケティング・流通」「生産・技術」「財務・会計」の四つです。どの科目でも、ある企業の状況を説明する文章が書かれており、それに対する設問に20～200字程度で論述します。設問は「この企業の組織における問題点をそれぞれ40字以内で3つあげよ」「A社は業務用品から家庭用品に参入しようと考えているが、参入すべきか。理由とあわせて150字以内で述べよ」などさまざまです。財務・会計では数値を問う問題も課されます。

私は二次試験も1回で合格することができました。私が考える合格のポイントは3つあります。

（1）一次試験をおろそかにしないこと

一次試験はマークシート、二次試験は論述のため、まったく異なる試験のように思われがちです。

しかし、二次試験はあくまでも一次試験の知識を基礎としています。特に二次試験の4科目と共通する一次試験の科目は、ただ60点が取れればよいと考えるのではなく、二次試験の学習も同時にしていると思うくらいの意識を持つことが必要です。一次試験はあくまでも二次試験を受けるための予選に過ぎません。だからこそ一次試験から二次試験を見据えた学習をしなければなりません。

また、受験回数が増えていわゆる「受験マニア」になってしまうと、ひねった考え方をしたり、変わった事例を解いたりしがちです。そのようなマニアックな知識は二次試験を解く上でかえってマイナスになります。なぜなら二次試験では誰も思いつかないような意外な発想は不要で、問題文のみから読み取れる妥当な解答が求められるからです。そのため一次試験の範囲を超えた知識は必要ありません。逆に言えば一次試験の知識を徹底させればそれが自然と二次試験対策になります。

（2）思い込みや先入観を排除すること

二次試験はあくまでも問題文だけを答える材料とします。問題文と一次試験の学習で学んだ知識以外を解答に盛り込んではいけません。たとえば問題文に根拠が記載されていないのに、自分の経験や推測のみで「今この業界は下り坂の〝はず〟」「この新商品は売れない〝だろう〟」と決めつけて答えてはならないのです。

私が受験した年は組織の事例で「百貨店でアクセサリーを売る会社」が、財務・会計の事例で「化粧品会社」が登場しました。私は当時「百貨店で化粧品を売る会社」に勤めていて、4科目のうち2つの事例とも自分の勤務先と似た企業が登場したため、「決めつけてはならない」と肝に銘じました。

財務・会計の事例は舞台が化粧品会社というだけで、ほとんど化粧品の知識と関係ありませんでした。一方、組織の事例は状況が勤務先と非常に似ていたため、受験中は「自分の仕事のことは考えるな！　書いてあることだけで考えろ！」と何度も自分に言い聞かせました。結果的には、似た業種の会社に勤務していたからこそ気づきやすい点もあり、有利に働いたように思います。

しかし会社で長く働いていてさまざまな経験がある人ほど、自分の経験が邪魔をしてしまうケースもあります。実務経験の少ない20代のビジネスパーソンや学生でも合格できるのは、かえって企業の経営に対する先入観がないのがよいのかもしれません。

(3) 減点されないことを目指すこと

二次試験は「紙上のコンサルティング」などとも言われます。実際の企業のコンサルティングと同じように、その企業の課題を自分なりに解いていくからです。しかし実際のコンサルティングと違う点が一つあります。それは「採点される試験である」ということです。当たり前のようですが、これが受かる人と落ちる人を分ける境目であるように思います。

表現に語弊があるかもしれませんが、二次試験に合格するには「良い答案を書く」のではなく、「高得点の確率が高い答案を書く」ことが必要です。私は常に「これはあくまでも試験だから、採点者が高得点を付けてくれる解答〝だけ〟を目指そう。自分が言いたいことや画期的なアイデアは合格してから実際の企業のコンサルティングで言えばいいんだ」と自分に言い聞かせていました。

二次試験は公式の模範解答や解答例などは示されません。そのため資格予備校や受験生は「これが正解に近いのではないか」と〝推測〟します。その〝推測〟から大きく外れない範囲で点数を稼ぐことが重要です。つまり、自分が正解だと思うことではなく「これだったら大きく間違いないだろう」という答えをなるべく多く書いて盛り込むのです。それが「正解を目指す」のではなく「減点されない」という意味です。

このような解き方に違和感を抱く人も多いでしょう。さまざまな人が二次試験の必勝法として「設問同士の一貫性が重要」「読みやすさを重視」「1.〜、2.〜などと箇条書きにすべき」などと言います。とはいえこれらも推測にすぎませんし、あくまでも試験ですので、高い点数を取れるであろう方法を選べばそれでよいのです。そこで行き着いた私のやり方が「正解に近いであろう要素を多く盛り込む」という手法です。結果的にこれで受かったので、私の考え方はさほど間違ってはいなかったのではと思っています。

二次試験の合格率はおよそ20％です。私は二次試験を受験したとき、非常に緊張していました。教室を見渡すと、およそ１００人の受験生がいました。そこで「この中で上位20人に入ればいいのなら、何とかなるのでは」と考えました。もしもこの中でトップ、あるいは5位までに入らなければならないのであれば非常に難しく、プレッシャーを感じます。しかし私は前述のように大きく減点されないことを目指し、コツコツ点を稼ぐことができていると思っていました。そこで「みんな大失敗する科目が一つくらいはあるはず。それに対して4科目全部でそこそこの点を取れたら、合計で上位20人くらいには入れそう」と考えました。そう考えるとなんとなく気分が楽になりました。

明言はされていませんが、二次試験は合格基準が明確な一次試験と違ってほぼ相対評価で、合格者数がだいたい決まっています。なぜなら後述の実務補習などをするに当たり、合格者数は一定でなければならず、多すぎても少なすぎても困るはずだからです。そのため気持ちを「とにかく高得点を取らなければ」から「この中で20位以内に入るんだ」と切り替えることで、落ち着いて試験に臨むことができました。

そして二次の論述試験に合格すると、面接（口述）試験があります。この面接試験は、論述試験で登場した企業を題材に、個人ごとに面接官とやり取りを行います。面接試験の前に、論述試験の出題内容を見返し、ある程度記憶しておいたほうがよいでしょう。

この面接試験は知識というよりも、きちんとコミュニケーションが取れる人かどうかを確認することが目的です。いくらペーパーテストで高得点が取れても、経営者や従業員と普通に話すことができなければ企業の支援はできないからです。ですから、答える内容の是非はあまり問われず、まともに面接官とやり取りができればほとんどの人は合格します。しかし過去にはあまりに言いよどんでしまって不合格になった人もいたそうです。いざ面接となると頭が真っ白になる人もいますから、資格予備校の模擬面接などを活用し、準備をしておいた方がよいでしょう。

3　実務補習

二次試験後、「実務従事」という診断・助言業務に携わることができる人は、15日間従事することで中小企業診断士として登録することができます。しかしこれは元々コンサルティング会社に勤務している人でもなければほぼ不可能です。そのためほとんどの人が実務従事ではなく「実務補習」を受講することになります。

実務補習は6名前後で1グループとなり、5日間かけて一つの企業を診断します。それを合計三つの企業、計15日間行うことで実務補習受講の証明書が発行されると、中小企業診断士に登録することができます。実務補習のコースには15日間と5日間があり、会社の有給休暇などを考慮しながら都合の良い日程で選ぶとよいでしょう。ただし15日間、あるいは5日間のコースといっても、その間ずっと連続で拘束されるわけではありません。15日間の場合、三つの企業の間には空白期間がありますし、一企業あたりの5日間とは資料作成などの日数も含まれているので、実際の企業訪問の日数は一企業あたり3〜4日間です。反対に、自宅などでの資料作成に時間がかかれば、実際に費やす時間は5日を越えることもあります。

実務補習では現役の中小企業診断士が指導役を務めます。その人の知り合いやネットワークから診断先を選ぶことが多いようです。ただしこの指導役の診断士は、普段は現役の診断士として活躍していても、必ずしも「診断士を指導するプロ」であるとは限りません。そのため指導の内容や態度には個人差があります。私を指導してくださった方はかなり放任型で、最初は何をすればよいのかわからず戸惑った記憶があります。

実務補習では合格・不合格という判断はされません。とはいえこの実務補習は、それまでペーパーテストと面接しかしていない中小企業診断士のタマゴが、いわば初めて生身の企業を診断することになります。そのため非常に責任は重いですし、試験勉強ではわからない中小企業のリアルな一面と初めて接することになります。特に大企業勤務の経験しかない人の中には、中小企業の実情に触れてショックを受ける人もいるようです。私は親戚が中小企業の経営者でしたし、私自身も「商売」が好きな面もあるので、むしろわくわくして楽しかった覚えがあります。一方、大企業勤務の人の中には、自分の勤務先と中小企業の実態を比較して頭を切り替えることが難しかった人もいたようです。

これがほとんどの人にとって、初めての実務的な企業診断となります。また、中小企業診断士になった後も、そのまま会社勤めをするいわゆる「企業内診断士」になる人は、登録の更新のため以外は実質、最後の企業診断となる場合もあるでしょう。それだけに、実務補習の三社の経験は非常に強い印象として残りますし、のちのち他の企業を診断する場合にも大いに役立ちます。ほとんどの人が企業に勤務しながら有給休暇を利用して参加し、資料作りも膨大ですので、非常にハードです。しかしこの実務補習はどんな経営の本を読むより、あるいは試験勉強をするよりも中小企業診断士として有意義な経験になります。

実務補習を終えると中小企業診断士として正式に登録することができます。その後は5年おきに知識・実務での要件を満たすことで更新することができます。

中小企業診断士に登録すると、多くの人は中小企業診断協会に登録します。ただし中小企業診断士の制度が他の国家資格と大きく異なる点は、協会に所属しなくてもよいということです。たとえば弁護士や司法書士は資格を名乗って活動するには、活動する地域の会に所属して年会費などを払う義務があります。しかし中小企業診断士はその義務がなく、中小企業診断協会に所属するかどうかは任意です。

私の場合、東京で資格を取得すると同時に入会し、広島に引っ越した後も2年間は広島県支部に所属していましたが、その後は脱会しました。多くの場合、中小企業診断士の登録時は協会に加入します。最初は意欲に燃えていますし、「協会の勉強会などに参加していろいろなことを得よう」

と考えるからです。特に私の場合、実務補習の講師が、診断協会で会員を増やす委員会に所属していたため、半ば当然のごとく加入させられました。

しかしその後は、協会のメリットが感じられず脱会しました。年会費は地域によって異なり、広島では4万6千円です。価値判断は人それぞれですが、私は正直なところ、4万6千円相当の価値が感じられませんでした。それに見合うだけの特典があれば惜しくはないものの、残念ながら私は協会の会員であることを活用する機会には恵まれず、広島では2年のみの所属となりました。特に会社員のいわゆる企業内診断士だと、頻繁に中小企業診断士としての活動をするわけではないので、入会しない人は多いようです。実際、協会加入者が少ないことが診断協会の悩みではあるようです。

中小企業診断協会に所属する中小企業診断士は全体のおよそ半数であると思われます。中小企業診断士は平成23年の段階で約2万人の登録者がいます。ただしこの中には資格を休止している2千人も含まれるので、実質的には1万8千人とみてよいでしょう。このうち、中小企業診断協会に所属する人はおよそ半数、約9千人です。すなわち残りの半数、約9千人は私のように協会に所属していないことになります。

もしあなたが中小企業診断士に合格して、協会に加入すべきか悩んでいたら、私は最初は加入してもよいかもしれない、と答えます。支部ごとの研究会などは、協会から一部補助が出ることもあり、協会の会員のみを参加可能としていることが多いからです。そして自分の興味ある研究会に参加し、同じ志を持った仲間と集まることで、会費以上の価値を得ることができるかもしれません。実際、研究会で論文を作成したり、企業からコンサルティングを受注したり、iPhone のアプリを作成したり、といった動きもあるようです。私も東京の研究会では雑誌の執筆を共同で行ったことがあり、私のその後の「執筆実績」とすることができました。このように、最初は協会に所属していろいろな研究会を回り、自分にぴったりな研究会に出会える、あるいはそれ以外に協会に所属するメリットを感じる、と思うのならば協会に所属し続ければいいのではないでしょうか。

独立するか、企業内診断士か

中小企業診断士の資格を取得した後の道については、大きく二通りに分かれます。会社に勤め続ける人と、中小企業診断士として独立開業する人です。もちろん中には、もともと他の資格や家業などで独立していて中小企業診断士を追加で取得する人や、定年退職後の趣味として診断士資格を取得する人もいますが、多くは「会社員を続ける」「独立する」の二つに分かれます。

前述したように中小企業診断士は、医師や弁護士、税理士のように「この資格がある人だけがこの業務をしてよい」という独占業務はありません。一部の自治体が、産業廃棄物の業者に経営の健全性を示すために中小企業診断士の経営診断を求めることがありますが、そのような業務はごくまれです。そのため、独立するといっても事務所を開いて待っていれば仕事が来るといったことはありません。資格の有無に関係なく「誰に」「何を」「どのように」「いくらで」提供するか、といったことを考える必要があります。いわば企業に対する経営診断を自分自身に対してもする必要がある、と言えます。

「中小企業診断士の試験に合格すること、高い診断能力があること」と「食えること」はまったくの別物です。会社員時代はある程度、会社の商品や知名度という場が用意されていたわけですが、独立したらすべて自力で開拓しなければなりません。仕事の詳細についてはこの後の二章でお話しするとして、商品づくり、営業、宣伝、お金の回収といったことがすべて自分の責任になります。相談できる上司も会社もありません。独立の大変さはいろいろありますが、そもそも「どうやってお金になる仕事を請け負えるかわからない」から始まります。私もそうでした。

そのため多くの人は資格を取得後も、そのまま会社勤めをすることがほとんどです。そのような人を先述しましたが「企業内診断士」と呼ぶことがあります。中小企業診断士の試験は、会社経営に関する広範な内容を学びます。そのため中小企業の経営のみならず、会社員の能力アップとしても役立つ内容になっています。たとえば中小企業診断士の資格を取得することで、お酒の会社の営業の人は飲食店の経営指導をして売上増に貢献する、システムエンジニアは組織や経営のことをチームのマネジメントに活かす、といったことが活用事例として挙げられます。特に中小企業と多く接する金融機関は、会社全体で中小企業診断士の資格取得を奨励していることが多いようです。

中小企業診断士はこのように独立か会社勤務か、そして資格をどのように活用するか、という点において人によってバラバラです。そのため「中小企業診断士はこんなことをしている」と一言で言うことはできません。それだけ活用が難しいとも言えますし、反対に可能性が無限大であるとも言えるでしょう。

私が最近気になるのは、中小企業診断士が単なる「スキルアップ」の資格の一つとして捉えられがちなことです（実は私も当初はそうだったので偉そうなことは言えないのですが）。昨今の経済環境や労働環境を見れば、国や会社はもう信用できない、何か資格を持たなければ、スキルを身につけなければ、と考える気持ちはわかります。それで何をしよう……難しすぎるのは困るし、かといって簡単すぎても意味がない……そうだ、経営全般のことが勉強できるから中小企業診断士はいいのでは？　独立することもできるかもしれない！　……という発想の人が多いようです。さらに中には、資格そのものよりも、資格取得のための勉強に夢中になってしまい、何年も落ち続けても楽しく勉強だけを続ける、といった本末転倒な人もいるようです。

もちろん学習や資格取得のきっかけは人それぞれですから、良い悪いを語るつもりはありません。しかし中小企業診断士は本来、中小企業の経営を支援するための資格です。それを自己のスキルアップのためだけに取得するのは目的が違いますし、もったいないように思います。私の推測では、中小企業診断士の８割以上は年に１回の研修を受けてただ更新しているだけなのではないでしょうか。たとえ企業内診断士であっても、週末に中小企業についての勉強会をして論文をまとめる、といったことは可能なはずです。

もしあなたが中小企業診断士を目指すのなら、「何のために中小企業診断士になるのか」を改めて考えてみてください。繰り返しますが、中小企業診断士は独占業務がないので、資格を取得してもそれで「食える」わけではありませんし、何もしなくても仕事が舞い込むということは絶対にありません。会社員であれば、資格を取得した直後は「難しい試験なのにすごいね」と褒められるかもしれませんが、翌日には資格のことなど忘れられます。たとえるならば、あなたは近所のおいしい食堂に調理師資格を持った人がいるかどうか気にするでしょうか。資格がなくてもおいしい食事を提供する食堂が良い食堂のはずです。それと同じで、大事なのは資格を持っているかどうかではなく、あなたが何を志して何をするか、何を提供できるかなのです。中小企業を支援したいと心から思う人のみがこの資格を目指すべきだと私は考えます。

第二章 中小企業診断士の仕事

コンサルティング

中小企業診断士の仕事と聞いて真っ先に思い浮かぶのが、コンサルティングではないでしょうか。コンサルティングには、コンサルティング会社などと契約してそこから仕事を受注する場合と、企業と直接契約する場合がありますが、ここではそれらを大別せずにコンサルティングとしてまとめてお話しします。

コンサルティングというと横文字でなんとなくかっこいい響きがありますし、「コンサルタントというと「頭がキレそう」というイメージがあります。しかし実際にコンサルティングとは何か、と聞かれるとコンサルティングを受けたこともないしよくわからない、というのは正直なところではないでしょうか。

おそらく多くの人が想像する「中小企業診断士の中小企業のコンサルティング」とはこういったことでしょう。月1回くらいのペースで、社長室に社長を訪問する。雑談を交えながら、さまざまな相談を持ちかけられる。社員にやる気を出させるにはどうすればよいか。取引先がお金を払ってくれないがどうすればよいか。あるいは財務諸表を見て銀行対策のアドバイスをしてほしい。そして2時間ほど話し、ではまた来月。こんなイメージではないでしょうか。

もちろんそういったコンサルティングもあるのでしょう。しかし、実際の中小企業のコンサルティングはもっと泥臭い、地道な「業務補佐」的な内容が主になります。大企業では当たり前のことも、中小企業では必ずしもできているとは限りません。たとえば会議の進行もその一つです。中小企業の会議の多くは「社長からの連絡会」になってしまうことが多いものです。社長が社員に考えを伝え、社員は最近の動きを報告し、「そんなんじゃダメだ、もっと頑張れ」で終わる。極端な例のように思うかもしれませんが、このような会議は現実に少なくありません。会議が会議の体をなしていないのです。それを中小企業診断士がコンサルタントとして入り込み、改善させることも立派なコンサルティングの一つです。

会議の進行では、まず事前にアジェンダ＝議題を決めて、ゴールを明確にします。本来の会議とは「話し合う」または「連絡する」場ではなく、「決める」場です。その会議で何を決めなければならないかのテーマを事前に設定し、参加者に伝えます。さらに会議の進行も行います。議題から脱線した単なる雑談にならないように気をつけながら、発言が少ない人にも意見を求めるなどして、決めるべきことを決めていきます。そして会議が終了したら、決まったこと、具体的には「何を・

誰が・いつまでに」を明確にして議事録としてまとめます。こうした一連の会議の開催から進行、事後のフォローを中小企業診断士がコンサルタントとして行なうのです。

このような「会議の議題を決める」「会議を円滑に進行する」「結果を議事録にまとめる」といったことは、大企業だったら当たり前にできているでしょう。しかし中小企業では必ずしもそうではありません。なぜなら中小企業の中には社長がすべて考えそれを社員に伝えるだけでよく、会議自体が必要ないという企業が少なくないからです。これらを一つ一つ整えていくだけでも、中小企業診断士の活躍の場はあります。コンサルティングというと、専門知識を駆使して企業の難解な課題を解決する、というイメージかもしれません。もちろんそういうコンサルティングも存在します。

しかし中小企業の場合、何か特殊な技能で一つの課題に立ち向かうというよりも、企業が業務を円滑に進行できるようにするためのお手伝い全般を指すことが多いものです。そのとき重要なのは経営者、そして社員との信頼関係です。自分の専門知識を提供するだけだったら「これが正しいやり方です、こうしなさい」だけでもよいかもしれません。しかし、会議の進行や業務フローの見直しといった日常業務のお手伝いをするには、何か特殊な手法が必要なわけではありません。それよりも「この人なら会社を良くしてくれそうだ」「この人に従えば間違いないだろう」という信頼関係がより大切です。あなたも初対面のコンサルタントに突然「私の指示通りに業務をしなさい」と言われたら、いくらその人が有名で実績があったとしても素直には取り組めないはずです。外部の人間を会社に入れて、ある意味見られたくないところをすべて見せるわけですから、機械的に指示をするだけではなく、「愛情が感じられるから、この人は仲間だ」と思ってもらえるような関係を構築することが、コンサルティング業務には必要とされます。

企業の研修

個別の企業との取引で、コンサルティングと並んで多いのがこの企業研修です。こちらも研修会社などに登録してそこから受注する場合と、企業から直接受注する場合とがあります。どちらかと言えば中小企業の中でも社員数がわりと多く、昇進や役職などの制度がしっかりと整った企業が研修を行うことが多いようです。

研修と一口に言ってもさまざまです。たとえば実施のタイミングひとつ取っても、

・新入社員研修

・管理職や店長になるときの研修
・役職とは関係ない助成金ありきの研修

などとさまざまです。最近はアラカルト形式として、社員に受講したい研修を選ばせる企業も多いようです。

新入社員の場合は基本のビジネスマナーや電話応対、管理者の場合は専門の業務知識などというように、研修の中身も多岐にわたります。そのため、研修をする講師の側としては「誰に」「何を」教えられるのかが講師として選ばれるためのポイントになります。

私はマーケティングを専門としているものの、「マーケティングを学びたい、教えてほしい」という企業研修のニーズはあまり多くありません。そのため、もっと広範なテーマの研修も行います。たとえば市の新規採用職員への「目標設定の重要性」、自動車販売会社の店長への「アサーティブ＝自分も相手も大事にするコミュニケーション」、その他にもプレゼンテーション、問題解決など、これまで行なってきた研修のテーマはさまざまです。

研修のご提案をいただいたときは、よほど専門外のテーマでない限りはお受けするようにしています。あまり経験がないテーマでの研修を依頼されたときは、中小企業診断士としての基礎の知識に加え、本を何冊か読む、自分でもセミナーを受けるなどして、まずおおよその「勘所」をつかみます。するとそれらが頭の中で醸成され、「この概念はわかりづらいな」「ここは説明が長くて飽きやすいから穴埋めクイズにしようか」「別の研修のあのワークと組み合わせてみようか」などと、徐々に研修が組み立てられていきます。この組み立てのように、自分の知識や感じたことを相手にわかりやすく伝える能力も中小企業診断士には必要です。

また、研修にはトレンドもあります。前述のアサーティブ（アサーション）もその一つです。昨今は会社の中でのコミュニケーションが難しくなったと言われます。昔はみんな同じような価値観を持ち、年功序列で年上の上司に従っていればよかったのが、昨今は年上の部下がいることもありますし、外国人が職場にいることも珍しくありません。また、「個性が大事」「ナンバーワンよりオンリーワン」と言われて育った若い世代と、個性を出さないのが美徳だと教えられてきた年配社員がお互いの価値観を理解し合えない、そもそも理解しようともしない、といった問題が起こります。さらに、年配社員にとっては普通のコミュニケーションのつもりでも、若手社員にパワハラやセクハラと言われそうで怖い、だから何も言えなくなってしまう、という声もよく聞きます。それらの結果として心理的な摩擦が起こり、場合によってはうつ病などのメンタルヘルスの問題につながるケースが少なくありません。

そのためアサーティブ、自分も相手も大事にするコミュニケーション技法が注目を浴びています。これは「自尊と他尊のコミュニケーション」とも言われます。相手を大事にするあまり自分が卑屈になって黙るのではなく、かといって自己主張を押し通して自分の意見を貫くのでもなく、相手を想いやりつつ、自分の言いたいこともちゃんと言いましょう、というコミュニケーションです。やはり年配になればなるほど「若い社員とどうやって接したらいいのかわからない」と悩む人が多いのか、管理職研修の一つとして組み込まれることが増えています。

このように「どんな研修のニーズが高いか」を敏感に察知し、そのための知識や技能を学ぶことが定期的な受注を得るためには重要です。しかしこれには欠点もあります。研修のテーマとして流行になると、その流行が終わってしまうのも早い、ということです。極端な例ですが、一昔前なら「ホームページを作りましょう」「ブログとはこういうものです」という研修をして、そのサイトの画面を見せるだけでも先生になれました。しかし当時先端だった知識もすぐに一般化しますし、流行は陳腐化します。流行を安易に追いかけるのも危険です。

もちろん自分の「軸」を一つ持ち、何も営業をしなくてもそのテーマで定期的に研修の依頼をされることが理想です。しかし独立開業したてのときは、そう簡単にお声がかかってくるわけではありません。そこで大事なのは、常に広範囲にアンテナを張っておき、さまざまな研修に対応できるように準備しておくことです。研修に限ったことではありませんが、独立開業した中小企業診断士の仕事は「仕事の依頼があったらそれについて勉強する」では間に合いません。たとえ声がかかってくる保証がなくても、仕事になるかどうかわからなくても、常に研鑽し、最新の知識や情報を仕入れる必要があります。プロ野球の二軍の選手が「一軍に昇格するゴーサインがあれば練習して勝利に貢献します」などと言わないのと同じように、プロの中小企業診断士である以上、いつ声がかかっても大丈夫なように準備しておくのです。

これは口で言うのは簡単ですが、大変なことです。それが仕事につながるかどうかわからない、もっと言えば収入になるかわからない自己研鑽に集中して取り組むというのは精神的にきついものがあります。しかしそれに耐えられる、言い換えれば見返りがあるとは限らない学習に意欲的に取り組む人だけが独立診断士に向いているとも言えます。

研修はライブ、生ものです。そのため予期せぬハプニングや展開があります。特に私の場合、一方的に話すだけの研修はほとんどなく、受講者に質問したり、個別や集団でのワークをして発表してもらったりと、双方向性のある研修が中心です。そのため、説明がうまく伝わらなかったり、私が想定するレベルと異なっていたりということもたびたび発生します。そこで臨機応変に対応し、受講者に合わせて対応する能力が講師には求められます。

これが年配のベテラン講師であれば、「私はこうやって部下を指導してきた！　あなたたちもこうしなさい！」と自分の主張をぶつければいいのかもしれません。実際、そのような講師も多数います。しかし私は経験の絶対数ではベテラン講師にはかなわないですし、そのような「私の経験ではこれが正しいからあなたたちもこうしなさい」という指導は必ず時代遅れになります。だからこそ私は常に学び、「地球上でこの会社の成功を最も本気で願っているのは私だ」と言えるくらいに準備を重ね、受講者の半歩だけ先を歩いて先導するような研修を心がけています。

商工会議所などの講師

あなたがいわゆる「身近な専門家のセンセイ」と接する機会があるとしたら、商工会議所や公的機関が主催するセミナーかもしれません。また、独立した中小企業診断士の仕事として、このようなセミナー講師を真っ先に連想する人もいるのではないでしょうか。セミナー講師と一口に言っても、主催者で分類すると、（1）商工会議所などの公的機関が主催（2）民間企業が集客のために主催（3）自主開催などその他、と大別できます。

（1）商工会議所などの公的機関が主催

商工会議所などの公的機関が主催、は最も連想しやすいパターンではないでしょうか。商工会議所で研修をしている講師、というと何となく実績が多くあって信頼出来る、公的機関のお墨付きの先生、というイメージがあるかもしれません。中小企業診断士としては、逆にそのようなイメージを自分につけるためにぜひ商工会議所で研修をしてみたい、と思っている人も多いようです。

実際私も2012年だけでも広島商工会議所を皮切りに、鹿児島や福岡などの商工会議所で研修講師を務めました。そのきっかけは些細なことです。広島商工会議所と同じビルにテナントを構えているある機関に挨拶に行きました。その際、「広島商工会議所でセミナーを担当しているAさんに挨拶してはどうですか、紹介しますよ」と言われました。それでAさんに挨拶に行き、自分が何者でどんなことができるかを簡単にプレゼンテーションしました。そのときはそれで終わり、しばらく特に何もありませんでした。そういったことを忘れかけた数カ月後に、Aさんから「次世代経営者育成塾という、事業承継をする二代目や経営者を目指す役員などにレクチャーをする5回連続のセミナーがある。そのマーケティングの部分を担当してくれないか」という依頼を受けました。マーケティングの専門家は広島に少なかったこともあり、私に白羽の矢が立ったのです。それが広島商工会議所で最初にセミナーを実施したきっかけです。

その後はそのセミナーの評判を聞きつけた鹿児島商工会議所から「創業塾という起業を目指す人向けのセミナーがあるので、そこで同じようにマーケティングの話をしてくれないか」という依頼が直に来るなど、少しずつ広がっていきました。聞いた話では、商工会議所同士での講師やセミナーについての情報交換があるようです。広島できちんと成果を残したからこそ、こうして他の商工会議所からも依頼が来たのではないかと思います。一つ一つの実績を積み上げていくことの重要さを実感しました。

商工会議所の講師というと、特別な実績がある専門家しかなれないというイメージがあるかもしれません。もちろん誰でもできるということはないですし、前述の例でも、もし広島でのセミナーがうまくいかなかったなら、鹿児島から声がかかることはなかったでしょう。しかし最初に担当するきっかけはこのように些細なことだったりします。

（2）民間企業が集客のために主催

民間企業が集客のために主催、もしばしばあるパターンです。ＩＴやコンサルティングなどのサービス業は形がある商品がないので、実物の商品を見せての営業が難しいものです。そこで企業は最新の業界情報を教える、あるいは専門家から経営改善の手法を学ぶ、などの名目でセミナーを開きます。前半はその専門家によるセミナーを実施し、後半でその企業が取り扱うＩＴやコンサルティングなどの宣伝を行なって申し込みを募る、というパターンです。

これだけを見ると、まるでその企業の宣伝塔になるかのようですが、実際には私が担当する前半のセミナーと後半の営業活動は分離されています。そのため「このようなテーマでお願いします」「後半につながるようにこういう内容に少し触れてください」という程度の依頼は受けますが、セミナー内容そのものは独立しています。私としても、セミナーを行うことで受講者への知名度アップにもなりますし、受講者とのやり取りで経営者の悩みなどの情報を得ることができます。また受講者にとってもたいていの場合は無料で受講できるので、主催者、受講者、そして私の三者が三方良しになっている仕組みです。

特に定期的にセミナーを実施する企業と良好な関係を築けば、1回で終わらずに長期的にセミナーを受注することもあります。その際、多くの場合はあまりセミナー内容を変える必要もないため、負担が減りますし、主催者にとっても講師をあなただけと決めて「いつもの内容でお願いします」で済むため、双方にとってプラスになります。

（3）自主開催などその他

他には自分自身で、あるいは友人同士でセミナーを開催するケースがあります。巷の独立開業のノウハウ本にはよく「小規模の自主セミナーを開いて見込み客を集め、契約に結びつけましょう」などと書かれています。この手法は本当にうまくいくのでしょうか。

私の経験では、独立開業したてのコンサルタントがこの手の自主セミナーを行なってもうまくいかないように思います。まず、集客ができません。あなたが一声かければすぐに集まる知り合いが数百人もいて、なおかつその人たちの9割以上が知りたがっているようなテーマについての専門知識を持っているというのならば、セミナーに値するだけの数の聴衆が集まるかもしれません。しかしそんな人はほとんどいないでしょうし、仮に「知り合い」が数百人も集まったとして、その人たちは「知り合い」であるあなたにわざわざ仕事を発注しないでしょう。本当の知り合いであなたの力を必要としていたのなら、セミナーになど出席しなくても最初から仕事を発注しているはずです。セミナーであるならば、多少のサクラは別として、知り合いでない人を集客しなければなりません。

あなたがセミナーに参加する側だとして考えてください。そのセミナーに出るという決断をするためには、主催者が信頼できるか、聞くに値する講師か、自分が興味のあるテーマか、時間と会場は、などさまざまなチェックをするはずです。「もしかしてマルチ商法の勧誘だったらどうしよう」と考えるかもしれません。それ以前の問題として、セミナー開催の情報が行きわたって自分に届くことも必要です。そのようなハードルをいくつも越えて、ようやく出席を決めるはずです。

さて、あなたが自主セミナーを開くとして、そのようなハードルを越えるだけのものを提供できるでしょうか。ここまで自主セミナーが困難だと強調するのは、実際に私も行い、大失敗したことがあるからです。開業して1年くらいの頃、差し当たっての仕事もないため「インプットとアウトプットのトレーニングも兼ねて自主セミナーを開催しよう。知り合いが増えるかもしれないし」と安易な気持ちで自主セミナーを計画しました。そしてそのセミナーは何と一人しか出席しなかったのです。それは一体なぜでしょうか？　ここで失敗の原因を分析し明らかにしますので、あなたには同じ失敗を繰り返さないでもらいたいと思います。

そのセミナーの場所は安く借りられる市の施設を利用し、時間は会社員が参加しやすいように午後7時開始としました。ちなみに東京のセミナーは午後7時開始が多いようですが、地方は午後6時開始の場合が多いようです。地方は自主的にセミナーに参加する人が少なく、会社の指示で参加する場合が多いことも影響していると思われます。開催場所や時間もその地域の特性を考慮する必要があります。この時間設定がまず失敗の一つでした。

内容は幅広い人が参加しやすいよう、「2010年ヒット番付から読み解く　～実践！　売上アップの秘密」としました。日経トレンディなどが発表するヒット番付などから売れる法則を見出し、それを自社商品にどう応用するか、というセミナーです。ただ漠然と「マーケティングセミナー」では人は集まらないでしょうから、ヒット商品という身近な話題をきっかけにしてマーケティングの面白さや最近のトレンドなどを解説しようと計画しました。

ところがこのテーマ設定も大きな誤りでした。それは東京と広島のマーケットの違いです。東京であれば、それまでの私のようにマーケティングや商品開発、広告などに携わる人は星の数ほどいます。もともとこのセミナーのテーマは「自分だったら聞いてみたいこと」から始まっているため、そのような職種の人たちがこのセミナーのタイトルを見たらピンと来て興味を持つでしょう。しかし、広島ではそのようなマーケティングなどに関わる職業の人の数が東京に比べて極端に少ないのです。東京には日本はもちろん世界を代表する有名メーカーが多数あり、それに関連する広告、デザインなどの会社が多数あります。そのような会社とそこに勤める人の数を比較すると、広島の市場は東京と人口の差を無視しても十分の一、百分の一と言ってもよいかもしれません。つまり、「ヒット商品」や「マーケティング」に興味を持つ人の絶対数がもともと極端に少ないのです。東京から引っ越して1年の当時の私はその点に気づかず、それも失敗の一つでした。

告知活動は力を入れました。地元の経済誌にプレスリリースを渡し、記事として掲載してもらうことができました。しかし10行足らずの記事だったので、問い合わせ先は私の事務所の電話番号のみでした。たとえば事前申し込みが必要なのか、講師の幸本陽平という人は何者なのか、といったことまでは書かれていません。そのため「よくわからないからちょっとやめておこう」と思った人も多かったかもしれません。しかし私は「地元の経済誌に載った、これで告知は万全だ」と完全に油断していました。

さらにもう一つ、東京と広島のギャップを理解できていなかった点があります。それはセミナーの受講料です。あなたは無料のセミナーというと、何となく「怪しい」と感じることはありませんか。もし無料であっても、それがたとえば商工会議所など公的機関が実施するセミナーであったり、有名な企業やビジネススクールが宣伝も兼ねていることが明らかであったりすれば、特に抵抗はないでしょう。しかし無名の個人が無料でセミナーをするというと「何かの勧誘ではないか」「信頼できる人なのか」と警戒するのではないでしょうか。「タダより高いものはない」からです。

そのため、「セミナーで集客しましょう」系のノウハウ本では「セミナーは必ず有料にしましょう。無料だと怪しまれるし、キャンセルも増えるからです」とたいてい書いてあります。私もそれに倣い、セミナー自体で収益化することは難しいとしても、せめて会場費くらいにはしようと受講料を千円としました。ところがこれも読み違いでした。広島ではセミナーといえば無料がほとんどで、有料のものはその後の懇親会付き、あるいは遠方から有名な先生を呼ぶ場合など、ごくわずかです。しかも会社の業務としてセミナーに参加する人が多いため、千円と有料にしたことが参加のハードルを高めてしまいました。東京では一時間半のセミナーなら千〜三千円くらい払うことは珍しくないので、この点でも私の狙いは大きく外れてしまいました。

こうして、結局参加者は仕事でつながりがある1名だけでした。その方には謝罪し、受講料もいただかず、セミナーで話すはずだった内容を駆け足で30分話して資料をお渡しするにとどまりました。他の内容でもセミナーを行ったことがありますが、そのときも参加者は2名でした。それ以後はスケジュール等の問題もあり、自主開催のセミナーは行なっていません。

巷には「セミナーで先生になって顧問契約に結びつけましょう」という内容の書籍があふれていますが、私に関してはうまくはいきませんでした。本書を含め、書籍はあくまでもその著者の経験や考えです。実際の行動にはかないません。もちろん私のやり方がまずかっただけなのかもしれませんが、「セミナー開催↓見込み客↓顧問契約」といったバラ色の未来を描くのは危険です。

公的機関での専門家派遣など

日本中には企業、特に中小企業を支援するさまざまな機関があります。中小企業基盤整備機構を初めとして、中小企業○○センターなどの団体が各都道府県にたいてい一つはあります。また、商工会議所や商工会なども各地に存在します。さらに各都道府県や市町村もさまざまな中小企業の支援を行なっています。そういった機関の仕事に就く中小企業診断士も数多くいます。

私自身も広島で独立開業してから2年間は、広島県による企業の採用活動や人事制度の確立などを支援する業務を請け負っていました。ただしこれは広島県がまとまった事業として民間企業に委託し、私はその民間企業の有期の契約社員として業務を行なっていました。そのため厳密には私が県から直接業務を請け負っていたわけではありませんが、「県の仕事をしています」というのはそれだけで何となく箔が付いたような気分になりました。

3年目からはその業務と入れ替わり、公益財団法人ひろしま産業振興機構のナビゲーターを行なっています。これはチーム型支援と呼ばれる制度で、広島県内で商品がすでに存在する、もしくは出来つつある企業が対象です。希望する企業に対し、セールスやデザイン、知的財産などの専門家が支援することで、売れる商品・儲かる仕組みを長期的に構築する、という制度です。私は専門家につなぐための最初の現状分析や課題抽出を担当し、企業のヒアリングや報告書作成が私の主な業務です。依頼する企業数しだいなので決まったペースではなく、月3〜4回の勤務です。公的機関での業務は他にも、商工会議所や中小企業基盤整備機構などの窓口相談員や専門家派遣制度などが挙げられます。

それではどのようにしてこれらの業務に就くことができるのでしょうか。私の場合は自分から売り込んでなったケースはなく、紹介された、または先方から声をかけられたケースがほとんどです。特に3年目からのひろしま産業振興機構の業務は、ある日突然先方からこのような事業を始める予定であり、幸本さんにお願いしたい、と電話がかかってきました。事務所で打ち合わせのときに、なぜ私に声をかけたかを聞いたところ、私を知ったきっかけは商工会議所のセミナーだったそうです。そして「広島出身でないこと」「比較的若くて独立開業していること」が選考のポイントだったそうです。私が担当する業務は企業に直接の指導をするわけではなく、分析が中心です。そこで地元の余計なしがらみや先入観がなく、かつそれで「食べていく」人であればより真剣に取り組んでくれるだろう、という狙いがあったそうです。私以外の同じナビゲーター担当の2名も他県出身者です。地方というとかく閉鎖的で地元出身者優先というイメージがあるかもしれませんが、広島はこのようにオープンな気風もあるため私は非常に助かっています。

この業務にしても、きっかけは商工会議所のセミナーだっただけに、仕事はどこでどのようにつながっていくかわかりません。逆に言えば、いつでもチャンスになるかもしれないし、そのチャンスを知らないうちに潰してしまっているかもしれない、ということでもあります。このようなつながりを実感すると、たとえ先のつながりが未定でも、一つ一つの仕事をきちんとやり続けることが大事であることを痛感しました。

公的機関の業務は、民間企業の求人広告のように募集をかけることもあります。私自身もある機関に応募したことがありますが、落選しました。業務経験の少なさが一因だったようです。このような一般公募はオープンで誰にでも開かれているためチャンスがあるようですが、実は短所もあります。まず、そもそも募集していることを知る機会が少ないということです。告知といえばウェブサイトに載せて終わり、などということも少なくありません。私はJ-Net21の「支援情報ヘッドライン」というサイトをウェブのRSSに登録し、たまにチェックしています。このような募集やセミナー情報などが掲載されることが多いからです。ただし全国の膨大な情報が更新されるので、ときどきRSSを「広島」「ひろしま」などで検索し、情報を見落とさないようにしています。もう一つの問題は、告知が直前になるということです。私が採用されなかったその役職も、4月から1年間の業務を3月に募集していました。それはかなり拘束日数が多いので、3月時点で応募ができるのは当時の私のように4月からのスケジュールがよほど空いている人に限られます。民間企業であれば、4月入社の人を採用したいのであれば、その半年ほど前から告知などの採用活動が始まるはずです。このように突然募集が始まるのも公的機関の業務の難しさです。また、各種機関でのいわゆる「相談員」になることを希望する人も多いのではないでしょうか。毎月、あるいは毎週など決まったペースで仕事があり、固定収入になるからです。さらに「先生」として自分に相談してくるのでプライドも満たされます。しかし、特に窓口相談員などはある程度メンバーが固定されているため、あなたがよほど特殊な実績や経験がない限り、担当者として食い込むことは困難です。中小企業診断士になっただけで「独立すれば資格があるのだから、地方自治体や公的機関から仕事がもらえるだろう」と考える人がいますが、そんなことはありません。私が公的な仕事を2種類できたのも偶然によるところがほとんどです。しかもそれは勤務日数もさほど多くなく、それだけを主な収入源とすることも困難で、非現実的です。もしあなたがこれから独立を考えるのであれば、公的機関の業務は「活躍したらそのうち声がかかるかもしれないもの」くらいに思っていたほうがよいでしょう。

企業内診断士

実際には、ほとんどの中小企業診断士がこの企業内診断士に相当すると思われます。独立するのでもコンサルティング会社に勤務するのでもなく、民間企業の社員、もしくは公務員等として勤務するのがこの企業内診断士と呼ばれる人たちです。正式な人数や比率はわかりませんが、どれくらいいるかを推測してみます。

一章で書いたように、休止中ではない中小企業診断士はおよそ1万8千人、そのうち約半数のおよそ9千名（平成23年時点）が中小企業診断協会に所属しています。同年に協会が所属する協会員の職業を調査したところ、プロのコンサルタント（他資格との兼業やコンサルティング会社勤務含む）は約3千名でおよそ全体の3分の1でした。ただしこれは協会の会員のみを対象とした調査であり、非協会員だとこの比率はもっと低くなると推測されます。そのため残り半数の非協会員のうち、プロのコンサルタントはおよそ1～2千名程度と推測されます。協会加盟・非加盟を合算すると、プロのコンサルタントの人数は合計で4～5千名というところではないでしょうか。

すなわち中小企業診断士の残りの1万3～4千名はプロのコンサルタントではないと予想されます。その中には定年などで社会人としての活動をまったくしていない人も1～2千人程度いると考えると、残りの一万人強、すなわち全診断士の7割前後が企業内診断士ではないかと推測されます。もちろんこれはあくまでも推測です。ただ、協会に加入・未加入にかかわらず参加が必須である更新研修の参加者の顔ぶれを見ると、7割前後が会社員というのは実感として遠くない気がします。

このような企業内診断士には、「休日を利用して積極的に中小企業の指導をしている」「下請けや取引先への指導に中小企業診断士の資格を生かしている」という人から、「中小企業診断士としての活動をまったくしておらず、ただなんとなく更新だけしている」という人までさまざまです。私の経験でも、一般の会社員をしながら中小企業診断士「らしい」活動をする、というのは極めて困難です。普通、「会社員ですが週末だけコンサルティングしてあげますよ」なんて人の診断は受けたくないでしょうし、中小企業診断士としての活動が会社員の仕事に結びつかない、という人もいるでしょう。それでもやはり、資格保有者を名乗るからには、何らかの活動を行なってほしいと思います。私が企業内診断士であったときは、研究会で執筆し、雑誌に寄稿するという形を残すことができました。この活動の半分は自己満足かもしれませんが、中小企業診断士として中小企業のために何ができるだろうか、という気持ちは持ち続けるべきだと思います。

前述の協会員対象の調査によると、中小企業診断士として独立する予定はない、と答えた人は約6割でした。その独立予定がない理由の上位二つは「受注機会の確保が難しいと思う」「収入が安定しない」で、収入が主な要因でした。確かに独立して自分でお金を稼ぐのは、会社員として給料をもらうのと、まったく違う能力が必要とされます。特に家族がいる人やローンがある人であれば「収入を下げるわけにはいかない」という気持ちもわかります。

ですから私は「中小企業診断士ならば全員が独立して個人事業主になれ」とは思いません。会社員ならば会社員としての活動や活躍の方法があると思うからです。たとえば勤務先の業界の情報や社内の問題点の把握などは、会社員としてそこに身を置くからこそ見える部分もあるでしょう。

いっぽう会社を辞めて独立して困ることがいくつかあります。例として、一人でビジネスをしているため「組織で働く上で困ることとやトラブルの実感が薄れること」や「会社員であれば他者の仕事の情報が自然と入るが、それがなくなること」などが挙げられます。独立すると、会社という組織から離れてしまうので「今どきの会社ってこうだよね」という肌感覚のようなものが失われていくように感じられるのです。企業内診断士は、このような企業内の機微が分かるという点が、独立診断士よりも優っている点ではないでしょうか。企業内診断士は、ぜひそうした企業内ならではの利点を生かし、間接的にでも中小企業を支援する活動を行なってほしいと思います。

第三章 中小企業診断士への道

この章では私がどのように考えて中小企業診断士を目指したか、そして資格取得後どのような活動をしているかをお話ししたいと思います。

化粧品会社でのマーケティング

私は小さい頃からもともと「商売」に関心があったのだと思います。小学生の頃は両親と山菜採りに行き、採った山菜を家の近所にビニールシートを敷いて並べ、その場で販売した記憶があります。また、港にたくさん釣り人が来ているのを見て「街中の弁当屋さんから300円で弁当を仕入れ、この釣り人に500円で売ったら儲かるのでは」などと考えることもありました（こちらはさすがに実行しませんでしたが）。高校の文化祭で模擬店を行ったときも率先してリーダーを務めるなど、商売全般、すなわちお金やものを介した人とのやり取りが好きだったのでしょう。青春時代のこのような記憶を蘇らせると、現在の仕事へとつながる一筋の光があったように思えてなりません。

そのため高校生の頃は進学先を考えるにあたり、法律や政治、文学よりも商売の方が何となく面白そう、という理由で大学の商学部に進学しました。そこでマーケティングのゼミと出会い、「マーケティングって面白いな」と思ったため、就職先もマーケティングができそうな企業を探しました。すると外資系の化粧品会社は職種別採用をしていて、入社1年目から本社でマーケティングができることがわかりました。その企業を受験すると運良く合格し、入社することができました。

私のキャリアは化粧品会社でスタートしたので、よく「化粧品に興味があったのですか?」と聞かれます。私は男性ですし、化粧や化粧品自体にはまったく興味がありませんでした。入社したときも漠然と「男だからシャンプーとかそういう商品の仕事をするのかな」と思っていたくらいで、高級ブランドの化粧品に配属されたときは驚きました。

ただ商売の「商品」としての化粧品にはもともと興味がありました。たとえば口紅一つとってみても、ドラッグストアでは500円、デパートでは5000円で売られています。違う商品ではあってもどちらも口紅であることは共通で、大きさが10倍違うわけでもありません。それなのになぜ10倍もの値段の差がつくのでしょう。不思議だと思いませんか。これを違う視点から見ると、どちらの商品もこの値段で商売が成り立っているはずで、500円の口紅を買う人もいれば5000円の口紅を買う人もいるのです。ではそれぞれの人は何を求めているのでしょうか。5000円の人はなぜ10倍もの値段を払ってでも買うのでしょうか。そういったことが不思議で、化粧品は非常に面白い商品だと感じていました。もちろんこういった商品ごとの差異は化粧品に限られているわけではありませんが、化粧品はそれが顕著なため、この秘密は何だろう、知りたい！　と思ったのが化粧品のマーケティング職を志したきっかけでした。

余談になりますが、一般の大企業、特にメーカーだと「まずは地方の営業所で営業を経験する」というのが通常の勤務ルートです。しかし当時生意気だった私は地方勤務はいやだ、いきなり本社のマーケティングをバリバリやりたい、と思っていたため、その希望が叶う外資系の化粧品会社を選びました。とはいえ今になって思うと、地方の営業なども経験しておいても良かったかと思います。いくらマーケティングが企画を立てたところで実際にモノを売るのは営業ですし、営業が直接お金を生み出していると言っても過言ではありません。独立開業したとき、私はマーケティングの経験のみで「営業」の経験がなかったため、「自分の商品あるいは自分自身の存在をどう売ればよいのか、どうやってお金に換えるのか」が苦手で非常に苦労した覚えがあります。ですからもしあなたが学生で仕事選びを考えているのなら、将来独立するかどうかにかかわらず、「会社の商品やサービスと引き換えにお金をもらう」という経験をするために、一度は営業職を経験しておくべきだと思います。

その後、マーケティング職として勤務し数年が経過すると、いろいろな思いが頭をもたげるようになってきました。一つはマーケティングという職種は「今までできなかった○○ができるようになった」といった成長の実感が持ちづらい、ということです。マーケティング職はわかりやすい実績、たとえば自分は○○をいくつ売った、あるいは他人ができないこんなことができる、といったことを端的に表すことが難しい職種です。マーケティングは他部署との共同で動くことが前提の仕事なので、自分がどれだけ伸びたのか、スキルが蓄積されたかがわかりづらい仕事です。当時は「ビジネスパーソンは取り替えが効く人材になってはダメだ、その人だからこそできるスキルや能力を持つスペシャリストにならなければならない」という風潮が今以上に言われていました。私もそれに流され、「確かにマーケティングを数年やってきたけれど、自分にマーケティングの能力があるかどうかの客観的な指標があるわけではない。ましてや仕事は多くの人が関わって行うから自分は○○ができます！　と胸を張って言える何かがあるわけでもない。このままでよいのだろうか。今いる会社以外でも通用する人材になれるのだろうか」と思い悩んでいました。

今になってみると、そんな人に対してアドバイスするとしたらこう言うでしょう。「そんなことは考えなくていい。目の前のことを一生懸命やっていれば自然とそれがキャリアになる。それに見る人は見ている。社外で通用するかとか考えなくていい」と。しかし当時は視野が狭く、思考も偏《かたよ》っていました。また、「世界で売上Ｎｏ．１の化粧品会社に勤務」といえば聞こえはよいのですが、そうはいっても日本はアジアの支社の一つに過ぎません。一部に日本で開発した商品もありますが、基本は本国の商品ありきのため、日本法人でできることは限られています。そのため、経営者でも何でもない一人のマーケティング担当ではあったものの、もっと独自にいろいろなことをしたくてもできないもどかしさがありました。

このときに出会ったのが、中小企業診断士という資格でした。これならば経営のことを広範に学べるし、れっきとした国家資格として胸を張ることができます。さらに私は出世欲や大きい組織で働きたいという欲求があまりなく、将来的にマーケティングの道で独立することも少しずつ考えていました。そしてもし将来独立をするなら、中小企業に不足しているマーケティング機能を補って貢献する仕事をしたい、そんなふうに考えていたことが後押しとなり、中小企業診断士について考え始めました。

外資系企業で３年強が経ったころ、私は日系の企業に転職しました。その会社で最初はバタバタしていたのですが、徐々に落ち着いて会社の仕事に余裕ができて残業が少なくなりました。そこで当時一緒に住んでいた彼女、現在の妻が司法書士を目指して勉強をしているのだから、私も何か資格の勉強をしようか、と考えたことも中小企業診断士を受験するきっかけとなりました。

受験を決めてからは、会社帰りに通勤経路である新宿の予備校に週2回通い、試験勉強をする生活が続きました。昼休みに食事をしながらテキストを読んだり、会社に朝早く来て会議室でコーヒーを飲みながら勉強をしたりすることもありました。その甲斐あってか、受験勉強を始めてから一年強で無事に合格することができました。

資格取得、転職

2007年の中小企業診断士の試験に合格後、年明けに実務補習を終え、正式に中小企業診断士になりました。とはいえ会社にはこれまでと同様に勤務し、会社員であることは変わりありません。職種も資格を取ったからといって特に変化はしませんでした。中小企業診断士らしい活動といえば、平日の夜の研究会に顔を出す程度でした。

その頃の私は、自分が会社員であることの難しさを漠然と感じていました。簡単に言えば、組織で働くことに馴染めないのです。組織にはさまざまなルールや暗黙の了解があります。それは組織を円滑に動かすために有益なものからやむを得ないもの、そして無駄なものまでさまざまです。私は立場や役職に関係なく、言いたいことは言わずにいられない性分です。とはいえまったく破天荒に自由気ままに生きているわけではないので、それなりに我慢することもあります。そのため会社で言いたいことがある、でも混乱させてはいけないだろうから黙っておく、というストレスが澱《おり》のように徐々に徐々に少しずつたまっていきました。

特に化粧品会社で職場に女性が多かったのも、今思えばストレスの一因でした。私としてはオープンで分け隔てないコミュニケーションをしていたつもりですが、それでも女性と男性ではコミュニケーションの「あうんの呼吸」のようなものが違います（ただしこれはあくまでも私の経験による一般的な傾向で、もちろん個人差はあります）。

たとえば私は物事を決めるには、きちんと1．～、2．～……と決まらないと理解できません。しかし女性が多数派の会議だと何となく話して「じゃあそういうことで」と決まることがあります。私だけが「えっ、どういうこと？　何が決まったの？」と理解できていないのです。また、男性はどちらかといえば「仕事は仕事」と自分の感情と切り離して淡々と遂行するのに対し、女性はそのような区分があいまいなことが多いものです。もちろんそれが良い方向に機能する場合も多いのですが、私としてはなかなかそれに慣れず、ストレスを溜め込むことが多くありました。あるときは女性社員に自分の思いがうまく伝わらず、誤解から一方的に非難されて、トイレの個室で涙がこぼれてきたこともありました。

そんなこともあり、自分は会社員としてよりも個人で仕事をするほうが向いているのではないか、と独立開業することも検討し始めました。しかし中小企業診断士の資格があるからといって独占業務があるわけでもなく、東京でいきなり独立したところで誰が何の仕事を発注してくれるのか、そもそも自分に何ができるのか、想像もつきません。「いつかは独立」という漠然とした夢を抱えつつも、東京での会社員生活を続けていました。

私の転機の一つとなったのが、東京時代の最後に勤務した企業です。それは大手企業が新設した子会社で、新しいブランドを立ち上げたり、海外のブランドを輸入して販売したりするために作られました。その会社ができて数カ月後、ほぼ実質立ち上げメンバーの一人として参加することができました。

結果として、この会社には2年間所属しました。このときの経験は私にとってかけがえのない、とても大きな存在として刻み込まれています。まず、会社自体ができたばかりなので明確な規則やルールが出来上がっておらず、すべてが試行錯誤です。さらに、私が取り組んだのはヨーロッパの化粧品ブランドで、日本でのビジネスはゼロからのスタートであり、その立ち上げに忙殺されました。化粧品ブランドの勤務経験があった私は、化粧品ビジネスでは何をすればよいか、勘所としてはある程度わかっていました。しかしそれはある程度でき上がっているものを「改善」するのであって、「新設」するのとはまったく異なります。イベントの企画を行なうにしても、既存のブランドだったら今までとの違いは……で済みますが、新設ブランドの場合はゼロからつくり上げる必要があります。ブランド自体が定まっていないので、関わる人同士の解釈が異なることも多々あります。そのため連日「仕事を一つ片付けると、それに派生する仕事が二つ増えている」という状況で、まるでジグソーパズルのピースが増え続けるかのように、仕事をやってもやっても終わらないという日々が続きました。当時は彼女も司法書士試験の勉強の追い込みをしていて、お互い疲労やイライラがつのって衝突することも多々ありました。よく「修羅場が人を鍛える」などと言われますが、当時はまさにその状況でした。

私がその新設会社に入社しておよそ半年後、無事にブランドをスタートさせることができました。

ところがそのブランドは最初は好調だったものの、その後は踊り場を迎え、売上が伸び悩みます。店舗は東京、大阪など数店舗に増やしたものの、出店先の百貨店の期待には応えられていませんでした。百貨店の化粧品ビジネスは半年単位のサイクルで物事を行うため、今の売上が悪いからといって来月何かをする、というわけにはいきません。するとマーケティング職の私たちは決まった長期計画はあるものの、今すぐしなければならない仕事はあまりありません。

そこで私は管理部への異動を申し出ました。前述の通り、勤務先は大企業の子会社ではあるものの、新会社なので会社の管理制度が未整備です。たとえば美容部員の給与制度を決める、親会社への報告書を作るなど、売上は少ないにもかかわらず管理部門でやるべきことは数多くありました。そこで私は会社全体を見られる中小企業診断士の資格を持っていることもあり、資格で身に付けた知識や能力も生かせるのではないかと管理部門に異動しました。

この管理部門での業務は確かに有意義なものでしたが、同時に限界も感じました。それは「管理業務をいくら頑張っても売上を伸ばすことはできない」という当たり前のことです。新しく立ち上げたばかりの企業が一番大事なのは売上を増やすことです。いくら会社の制度を整えようが、従業員の満足度が高かろうが、いつまでたっても赤字経営では意味がありません。それにもかかわらず、当時は親会社に提出するさまざまな書類の作成が必要になる時期でした。中には「この計画、一億だとちょっと少ないから一億二千万円にしておいてくれないか」などと現実の動きとは関係のない数値がひとり歩きすることもありました。そんな作業が続くと「こんな絵に描いた餅にすぎない売上計画を作ってどうするのだろう。単なる数ありきの数字合わせゲームではないか」と感じたこともありました。そこで自分が売上アップに関われないことのもどかしさを感じ、「やはり私は商売が好きなんだ」と改めて考えるきっかけになりました。

私が管理部門として勤務していた頃、すでに妻とは入籍し、妻は司法書士試験にも合格しました。妻は東京の自宅マンションの一部屋を司法書士事務所に改装し、個人の事務所としてスタートさせていました。しかし妻は、司法書士事務所に勤務した経験はあるものの、何か特別なコネや仕事をもらうルートがあるわけではありません。ましてや自宅マンションの一室を事務所にしているだけで、看板すら出していません。妻は開業したのはいいものの、仕事もなく、かといって営業まわりをすれば仕事があるというわけではなく、ほぼ開店休業状態の日が続いていました。

広島に移住、独立開業

「広島に帰って開業することを考えているんだけど」

妻にそう言われたのは二〇〇九年の秋のことでした。私が新会社に入社して一年半、妻が自宅開業して半年の頃です。

二〇〇九年は一月に妻と入籍、春に妻が司法書士事務所を自宅で開業、夏に結婚式、と私たち夫婦に大きな変化がありました。妻は春に自宅で開業し、それから半年経って秋になったものの、これといって業務の進展がありません。そこで地元である広島で開業することを考え始めていました。

まず、親戚が税理士事務所に勤務しているため、そこから仕事を回してもらえる可能性があります。さらに自身が生まれ育った街なので、知人・友人が多く、そういったネットワークも東京よりも広がりがあります。さらに妻は将来の生活や子育てについても考えていました。私も妻も東京の出身ではありません。仮に将来子どもが生まれたら、子育てなどで頼れる身内も親戚もいません。また東京という環境が子育てに適していないのではないかと妻は考えていました。

私はそれを聞いて最初は、「今の自分の仕事があるし、そもそも自分の地元でもない広島に住むなんてとんでもない」と否定していました。

しかしよくよく考えてみると、これは新しい世界に飛び出す良い機会のような気がしてきました。当時の仕事は相変わらず売上目標の数字合わせ、就業規則づくりといった管理業務が中心です。不満をこぼしつつきちんとこなしていたものの、「本当に俺はこれでいいのか？　この仕事をずっと続けるべきなのか？」とうつうつとしていました。

そのときに妻がふるさとの広島に移住する提案をしたので、「自分も広島で独立開業する」ことが選択肢として浮かびました。独立開業したところで仕事の保証がないのは東京も広島も一緒です。もちろん経済規模は東京の方がはるかに大きいのは事実です。しかしそれと同時に「スゴい人」も東京には多く、競争が激しいという現実があります。さらに疲れた、ということもあります。東京にいると常にあなたは何者？　何ができる？　と問われ、競争させられるような気持ちになっていました。しかしいくら頑張ったところで、自分より稼いでいる人、頭がいい人、学歴がある人、外国語がしゃべれる人は必ずいます。そんな人たちとの「自分の方がスゴい競争」をするのに疲れ、そこから離れたかったというのも広島に移住した理由の一つです。しかし「広島は東京よりはスゴい人競争が少なくて仕事が得やすいのではないか」と考えたのは完全に読み間違えでした。その詳細は後述します。

さらに私は自分が中小企業診断士の資格を取得したときの気持ちを思い出しました。もちろん何らかの目に見える資格が欲しい、妻が勉強をしているから自分も、というきっかけもあります。しかし中小企業診断士になった一番の目的は「中小企業の支援をしたい」です。

「このまま会社員を続けて自分は幸せなのか。会社の名前や肩書き、スキルでいつまでも他人と競争をし続けるべきなのか。それよりも、たとえ失敗しても自分の道を進んだほうが納得できて、後悔のない人生なのではないか」

そんなふうに考えました。また、もともと住むところにこだわらない私は、広島という私にとって未知の土地に住むこと自体にも興味がありました。

徐々に広島に移住することに気持ちが傾き始めました。とはいえ妻は司法書士事務所を、私は中小企業診断士事務所を同時に開業する、というのはいくらなんでもリスクがあるのではないかと考えました。両方とも仕入れや工場などの大きい初期投資が必要なわけではありませんが、逆にすぐに売上が成り立つようなビジネスでもありません。そのため私は広島で民間企業に一旦は就職することも考えました。しかし妻が業務などのサポートを必要としていたことや、民間企業に勤務して結局転勤などになったら意味がないこと、また広島で私の希望する業種・職種の職業があるとは限らないことなどから、このアイデアは却下しました。

「広島でコンサルタントとして生きていこう」

私自身も独立開業することを決意しました。自分の心にＹＥＳと言おう。裸一貫でも、笑顔で生きていこう。そう考えての決断でした。

２０１０年３月13日、引越しの作業を終えた私と妻、一匹の猫は東海道新幹線から広島駅のホームに降り立ちました。その日から私たちの広島生活がスタートしました。

私たちの住居と事務所は事前に妻が広島で探し、契約を済ませてありました。私自身も広島で下見をしたかったのですが、なかなか予定が合わなかったので妻に一任し、私は現地に着いて初めて住居と事務所を知る、という流れでした。住居と事務所は徒歩数分の距離で、かつ車で十数分の距離に妻の両親、そして妻の祖父母が住んでいる、という好立地でした。住居と事務所の２箇所に家賃が発生するものの、東京で私たち夫婦が住んでいたマンションの家賃と、広島の住居・事務所の家賃の合計がほぼ同じでした。これも地方で開業するメリットでしょう。最初の数カ月は事務所の物品を揃えたり、関係各所に挨拶回りに行ったりと、あっという間に過ぎました。

ここで感じたのが、中小企業診断士という資格を持っていることは、初対面の取っ掛かりとしては非常に有効だ、ということです。たとえば飛び込みで財団や協会などを訪問するにしても、ただ「挨拶に来ました」というのと「中小企業診断士として開業したので挨拶に来ました」では対応がまったく異なるでしょう。前者であれば「お前は何者だ、何かの押し売りか」と警戒されるはずです。ところが「中小企業診断士です、開業しました」と言えば基本的にはみなさん温かく対応してくださいます。飛び込みにもかかわらずそのまま30分以上話し込んだ、ということも少なくありません。もちろん訪問を歓迎することと仕事につながることはまったく別ですが、中小企業診断士という資格のおかげで最初のハードルは低くなりました。

広島での知り合いが誰もいない状態からスタートしたので、会合などには積極的に顔を出すようにしました。中小企業診断協会の広島県支部にも加入し、協会の集まりで引っ越して独立開業したばかりだと自己紹介したところ、帰りに声をかけられ、いきなり仕事を紹介してもらえることになりました。これは二章で触れた県の事業で、週に2回ペースで勤務することになりました。いきなりの仕事の受注、しかも週2回ペースとはいえ固定収入が得られてラッキー、とそのときは感じました。ただしその業務を続けてみると、このような安定しているように見える仕事もメリットとデメリットがあることがわかりました。

メリットは二つあります。一つは定期的に仕事があると精神的に安定することです。独立開業したばかりで知り合いもいない私に、いきなりいろいろな仕事が舞い込んでくるわけがありません。もちろん自分で動いて仕事を取ってくることは大切ですが、こればかりは自分の努力だけではどうにもならないことです。しかもそれが会社員だったら、多少ノルマを達成できなくてもいきなりクビになることはありませんが、独立開業の場合は、仕事がないイコール収入がゼロとなります。ある程度貯金を準備して独立したので、数カ月で資金が底をつくということはなかったものの、「仕事がない」というのは、金銭的にというよりも精神的にきついものです。なぜなら仕事が無い日が続くと「自分は誰からも必要とされていないんだ」とぽつんと孤独になってしまったような気がするのです。そんなときに週に2回仕事がある、自分のやるべきことがある、というのは精神的に非常に助かりました。

もう一つのメリットはその仕事を通じて多くの企業と接点が持てたことです。その仕事は中小企業の採用や人事を支援する業務だったので、いろいろな中小企業の経営者とお話をすることができました。私は中小企業診断士といっても、実際の中小企業の経営についてはよくわかっていませんでした。採用一つにしても、私が大学時代に応募したような大企業と中小企業とでは流れもプロセスも違います。たとえば私が大学生の頃は、大企業であれば採用活動は3年生の秋〜冬からアプローチ↓冬から春に採用活動↓GW前後に内定、という大まかな流れがあります。しかし中小企業は業績の目処《めど》がある程度わかってから採用を始めるため、入社前年の秋にようやく募集をかける、といったケースも珍しくありません。さらに私は、高校生の採用活動は仕組み自体をわかっていませんでしたし、中小企業だとそもそも人事部がなく、総務あるいは経営者が兼任していることなども初めて実感しました。このように中小企業の実情を知ることができたのは、よい経験でした。

一方、デメリットは、精神的に安定する反面、それで安心して甘えてしまうことです。その業務は時給（実質的に日給）だったので、勤務日数によって収入が決まります。標準的に週2回、月に8回出勤したとしても、時給があまり高くなかったので、それで得られる収入は東京の会社員時代の1／3〜1／4という程度です。さらに東京時代と異なって事務所の家賃や光熱費などもかかるため、売上がイコール収入ではありません。とはいってもその仕事があるだけで「自分はぶらぶらしているわけではない、仕事はある」という妙な安心感が生まれてしまいます。もしこのときまったく仕事がゼロだったら「このままではヤバイ」と切迫感が生まれ、必死に仕事を見つけようとしていたでしょう（それはそれで大変ですが）。しかし週2回なまじ仕事があるため、残りの週3回はやることがなくても「まあいいか、仕事がゼロなわけじゃないし」となんとなくサボりがちになってしまうのでした。その週2回の仕事では十分な収入になっているわけではないと頭ではわかっていても、「開業当初だから仕事がなくてもしょうがないよね、こうして週2回勤務しているだけマシだよね」と甘えてしまうのです。中途半端に固定の仕事があると、このようにそれだけで安心してしまう、というデメリットもあります。

もちろん理想としては「長期の仕事と短期の仕事が組み合わされてバランスよくある」のが望ましいのは言うまでもありません。中小企業診断士の独立指南の書籍でも「長期契約のクライアントを持ちつつ、単発の講演や執筆をこなしましょう」などと書いてあります。しかしこればかりは自分の思うように行くわけではありません。長期にせよ短期にせよ、仕事を発注してくださるお客様ありきだからです。そのため「長期と短期をバランス良く」という理想は持ちつつも、あまりそれにこだわり過ぎないほうがよいと思います。

苦悩の日々

３月に開業して数カ月も経つと、備品の購入や挨拶回りも一段落します。その後はわずかに公的な業務、たとえば中小企業診断協会や商工会議所の専門家派遣業務が年に数件ある程度で、仕事は途絶えてしまいました。来いと言われたので大阪の会社に自腹で訪問したものの、結局仕事にはつながらなかった、などということも多々ありました。コンサルタントです、と宣言しただけで企業側が「助けてください」とお願いしてくる、なんてことは決してありません。

仕事がないと収入がなくなることはもちろん、精神的な負担も大きくなります。よく独立開業本では「独立に際し、○年分の生活費を確保しておきましょう」などと言われます。では生活費さえ確保しておけば安泰かというとそうではありません。仕事がないことの精神的な辛さは、その時点での預金額とは必ずしも関係ありません。預金通帳の残額が減っていくこともきついのですが、仕事が無い＝世間の誰も自分を必要としてない、という状態が精神的に重く負担となります。そのため、「仕事がある」状態が欲しくて家庭教師のアルバイトに手を出したこともありました。

私は東京での最後の勤務先では、新設会社で給与体系が柔軟なことなどもあり、「30歳、化粧品メーカー子会社勤務」としてはかなり高い給与をもらっていました。人は相対、すなわち比較で物事を評価します。開業したてで仕事がうまくいかないことは、今振り返れば当たり前で、ある程度は仕方がないことです。しかし、そのときはどうしても「東京ではあんなにバリバリやっていたのに……」「東京ではあんなに給料をもらっていたのに……」と昔と比較して落ち込むことも少なくありませんでした。

仕事がなく、収入が少ないと、妻との衝突も多くなります。妻とは同じ事務所を仕切って使っていたので一日中顔を合わせています。するとちょっとしたことでぶつかってしまうのです。たとえば事務所の掃除や備品の管理、整理整頓など、お互い我を主張してすぐに喧嘩になってしまいます。仕事についてもそうです。司法書士と中小企業診断士とでは仕事の性質が異なります。司法書士は「今すぐの仕事」や「ゴールが明確な仕事」が多いのに対し、中小企業診断士の仕事は「長期的な仕事」や「ゴールが不明確な仕事」が多いものです。そのためお互いの仕事がよくわかっていないのに口を出し、口論になることも少なくありませんでした。たとえば私が成果が出るかわからないことに取り組んでいると妻は「仕事がないのにそんなことをしている場合ではないのではないか」と言ってきます。しかし私としては絶対に収入になる仕事や作業があるわけではないので、いろいろとチャレンジするしかないわけです。しかし司法書士は定形の業務が多いので「仕事につなげるためにチャレンジする」という私の姿勢が理解できません。お互い最初は仕事も少なく、そのイライラをささいなきっかけでぶつけ合うことも少なくありませんでした。

当時、妻は私のことを「常に追い込まれているように感じていた」のだそうです。私は仕事もお金もない頃だったので、「このままではいけない、でも何をしたら良いかわからない」とイライラが募っていました。ベンチャー企業の社長が「創業時はオフィスに寝泊まりして働いていました」などとインタビューに答えているのを見ると、「創業時はそんなふうに苦労するのが当たり前、全然うまく行っていない自分が休むなんてとんでもない」と、すぐの仕事があるわけでもないのに休日出勤することもしばしばありました。とにかく休むことや遊ぶこと、もっと言えばお金を使うこと全般に対して「そんなことができる身分ではない」と必要以上にストイックになりすぎていました。今となっては「仕事の出会いは縁。努力だけではどうにもならない」「休んでのんびり家族と過ごすことも必要」などとも考えられるのですが、当時の私は「仕事がなくて惨めな自分は必死に努力して這い上がらなければならない」としか考えられませんでした。

先日、広島市出身の陸上選手、為末大さんの講演を聞く機会があり、こんな話がありました。為末さんが世界陸上でメダルを取ると、マスコミなどに持ち上げられて時の人となり、ヒーローとなりました。するとその後、その地位を守ることにばかり意識が向いてしまい、走ることがまったく楽しくなくなって成績も下降しました。そして2年後、ある企業にスポンサーのお願いに行くと「今の君の価値はゼロだ」と言われます。ここで為末さんはふっ切れました。自分はゼロなんだ、そう思うと自然と陸上を始めた頃の原点に立ち返り、力が出てきて成績も回復したのだそうです。

オリンピック選手と私を並べるのもおこがましいのですが、私が東京にいた頃と比較してしまう呪縛も、同じく2年ほど続きました。人は大きく環境が変わると、それに適応するまでは2年くらいはかかってしまうのかもしれません。私が2年ぶりにふっ切れることができたきっかけは、奇しくも2年ぶりに東京を訪れたときのことです。東京では「すぐにお金にはならなくても自分のやるべきことをひたすら真っすぐに追い求めている人」、その反対の「さまざまな呪縛に囚われている人」の両方に数多く接しました。すると私の中で何かが弾け、東京から広島に引っ越してきたときの気持ちが蘇りました。

「広島へ移住して、東京の呪縛から解放されたはずなのに、東京と同じモノサシでいまだに考えているじゃないか。今すぐの仕事がない、お金がないくらいで何だ。こうして元気に楽しく生活できているじゃないか。それよりも広島に来たばかりのころの気持ちを思いだせ。中小企業に貢献する、それが自分のやるべきことではなかったのか。目の前の仕事の多寡や収入なんてちっぽけなことだ。東京にいた頃のようなしがらみに囚われず、やるべきことに集中できるだけでも幸せなことではないか」

こうして迷いが消えると不思議なことに、ひろしま産業振興機構のナビゲーター業務のお話が来たり、素晴らしい先輩診断士にめぐり会えたりと、幸運が続きました。もちろんそれでいきなり仕事や生活が好転してすべて順調になったわけではありません。しかしこれ以降、「自分が幸福か不幸かは自分の気持ち次第だ」と強く思うようになりました。もちろん仕事やお金の不安は今でも常にあります。とはいえ「仕事やお金の有無」と「今、自分が幸せを感じるかどうか」は必ずしもイコールではありません。惨めさや不幸さを嘆くよりも、今自分に何ができるのか、何をしたいのかを考えるようにすると、クヨクヨ悩んで落ち込むことは減りました。

「独立開業ノウハウ」は役に立つか

中小企業診断士に限らず、資格を取って独立するための書籍は数多くあります。私もいくつか読んでみました。しかしそのほとんどが私には役に立ちませんでした。多くの書籍には共通してこんなことが書いてあります。

「ブログやメルマガでファンや見込み客をつかみましょう」
「ホームページに詳細に情報を掲載してお問い合わせを受けます」
「ソーシャルメディアを活用してセルフブランディングしましょう」
「セミナーを開催して先生として振る舞い顧問契約につなげます」

これらは私自身の経験に限れば、まったくもってウソと言っていいでしょう。もちろん私のやり方の問題もあるかもしれないので、「私には合わなかった」と言ったほうがいいかもしれません。

この他にも「私はこうやって資格を活用して成功した」系の本を読んでみても、具体的に何がどうなって仕事につながったかはぼかしてあることが多いものです。実情は私の県の仕事のように「会合で声をかけられて、たまたま」といったように偶然によるものが多いのではないでしょうか。

もう一つ、「こうすれば成功する」系の本を鵜呑みにできない理由があります。それは私のような中小企業診断士・コンサルタントといった仕事は「売る商品」が目に見えない上、今すぐの必要性を感じにくく、そのためお金を払うまでに至らないからです。

たとえばあなたの目の前に「健康管理士」という国家資格（架空です）を持つ初対面の人がいて、こんなことを言ったとします。

「私は人を健康に導く専門家です。国家資格も持っています。私が定期的に助言をすることであなたをより健康にします。だから私と月一万円で契約しませんか？」

さて、あなたはこの人と契約するでしょうか。もちろん金額の大小はあるでしょうが、たとえ千円でも契約をためらう人が多いのではないでしょうか。ではためらったのはなぜか、理由を整理しましょう。

（1）「何をしてくれるのか」がわからないから

その人が健康管理士という国家資格を持ち、専門知識があることはわかりました。しかしそれでその人が私に「何を」してくれるのでしょう。助言とは具体的にどのようなことでしょうか。その人が自宅に来るのでしょうか。その助言のとおりにするにはお金がかかるのでしょうか。助言内容はきちんと実行できるのでしょうか。このように「助言する」というだけではさまざまな疑問が浮かんでしまい、解消されません。

コンサルタントもこれと同じです。「コンサルティングをします」と言っても、コンサルティングを受けた経験がない人は、何をどうしてくれるのか想像ができません。人は自分が想像できないものにはお金を払いません。

(2) 健康についてさほど困っていないから

あなたが健康についてものすごく興味や関心があったり、体の不調を感じていたりすれば「健康」というキーワードに引かれるかもしれません。しかしほとんどの人が「健康になりたい」と思っていたとしても、そのためにわざわざお金や時間を費やして何かしようとするでしょうか。「健康になりたい」というニーズは確かに普遍的です。だからといって、それに対してお金を払うかどうかは別問題です。これはマーケティングの観点においても、企業の新商品開発で陥りやすい発想です。昔「1分でできるカップラーメン」がありました。確かにアンケートを取れば「待ち時間が3分よりは1分の方がうれしい」と答えるかもしれませんが、それは「1分だったら買う」とは別なのです。

コンサルティングについても、「そもそもそれに困ってない」のならば、わざわざ頼むはずがありません。何か悩みがピンポイントであり、それを必ず解消します！　というのならニーズがあるかもしれません。しかし私が県の仕事でしていたような「人事制度を改善します」という提案を唐突にしたところで多くの企業は「人事制度は良くなるに越したことはないけど、別に今これといって困っていないからねえ」と返されて終わるのがオチです。

(3) その健康管理士の人柄をよく知らず信頼できないから

あなたに話しかけた健康管理士を名乗る人は初対面です。いくら国家資格とはいえ、その人の能力がどこまであるかはわかりません。仮に能力があったとしても相性の問題、いわゆる「ウマが合わない」かもしれません。極端な話、経歴を詐称しているかもしれませんし、他の顧客とトラブルを起こしているかもしれません。お金だけ受け取って逃げるかもしれません。このようにリスクを考えだしたらきりがありません。

このように、初対面の素性がわからないコンサルタントにいきなり大金を払う人はまずいません。誰かの紹介、あるいは自分がよく知っていて利用している会社に所属している、過去に大きい実績がある、など信頼に足る要素があって初めて、その人に仕事を頼もうという気になるものです。

以上を振り返って「ブログやメルマガ、ホームページやセミナーで受注や見込み客を集める」ことが難しい理由がわかってもらえたでしょうか。いくらホームページやセミナーで素晴らしいコンテンツを発表したとしても、その「人」が信頼できるかの判断基準にはなりません。コンサルタントはある意味「自分」という商品を売ることが仕事です。そこには分析する、書類を作る、といった「作業」や「結果」という部分だけではなく、人当たりがいいか、気が合いそうか、ちょっとくらいわがままも聞いてもらえそうか、といった「人格」の面も重要です。それはホームページやセミナーだけでは伝わりません。それを忘れて「アウトプットすれば誰かが目にとめてくれて、その中の何人かが仕事を依頼してくれるはず」と思っても、それは幻想に終わります。

「でも書籍にはセミナー後に相談に来る人と顧問契約しています、と書いてあるじゃないか」

こう思ったかもしれません。これは二つのケースが考えられます。

（1）もともとそのセミナー講師は超有名人で、相談者はセミナーを聞いた後に顧問契約をすることを初めから考えていた。

（2）名刺交換し、その後に講師が営業活動をしっかり行なって受注に結びつけた。

「たまたま受けたセミナーで感銘を受け、その場で相談を持ちかけ、そのまま流れで顧問契約を行なった」などということはまずありません。逆に言えば、そんなにすごいセミナーができる人はセミナー講師だけで食べていけるでしょう。

いわゆる独立開業本に書いてあることを実行し、実際にそのままうまくいく人は確率的には数％なのではないでしょうか。経営のことがわかっているはずの中小企業診断士の私でさえも、最初はそれになかなか気づかず、苦労しました。実際の仕事の依頼は私のように突然話しかけられたり、紹介されたり、といった偶然によるところが多いものです。「食べていくためにはこれをしなければ」という呪縛にとらわれない方がよいでしょう。

自分は何屋さんか

独立後の私が仕事の受注に四苦八苦する中で、ある一つの大きい問題にぶち当たりました。なぜ自分に仕事がないのか。収入がないのか。それは「自分の〝商品〟がない」ということでした。ラーメン屋さんならラーメンを売っています。美容院なら髪を切ったり染めたりしてくれるとわかります。しかし私は何の商品を売っているのでしょうか。もっと端的に言えば私は「何屋さん」

なのでしょうか。そう問われると、私は一言で答えることができませんでした。自分が何を売っているかわからないという人から、何かを買おうとする人がいるはずがありません。

あえて自分の商品を一言で言うとすれば「経営コンサルティング」です。しかし前にお話ししたように経営コンサルティングというだけでは何をしてくれるのか、それによってどんないいことがあるのかが見えづらいのです。外部のコンサルタントを利用するのに慣れている大企業と違い、中小企業だと「コンサルタントを活用するとどういいか」から始めなければなりません。

さらに「経営コンサルタント」を名乗るだけなら誰でもできます。資格の有無に関わらず名乗るだけなら自由です。その数多くいる経営コンサルタントの中で「私」を選んでもらう必要があります。そこで一般に言われるのは次のようなことです。

「自分にオリジナルの肩書きをつけてその専門家であることを宣言しましょう」

私も自分の商品がない、と悩みながら考えました。

「たしかに〝経営コンサルタント〟や〝マーケティング専門家〟は星の数ほどいるし、具体的に何が得意かオリジナルの肩書きで宣言したほうがいいな。どんな肩書きがいいだろう」

そして次のような肩書きを考えました。実際に名刺などに書いたこともあります。

・値上げコンサルタント
・中小企業のブランド専門家
・小さくても強い企業づくりをサポート

長く用いたものから短期間で引っ込めたものまでさまざまです。私のやり方が悪かったといえばそれまでかもしれませんが、自分の肩書きを考えた程度で何かが起こるわけではありません。「埋没しないように個性のある肩書きを」というのは、よほどその人が何か狭い分野で活躍しようとするのならいいかもしれません。しかし私のような開業したての場合、ある意味何でもやりますという貪欲さが必要です。このように凝った肩書きをつけることは、かえって自分の首を絞めることになりかねません。

独立開業に限らずマーケティングの本は決まって「専門分野に絞り込むことが大事です。他の人と差別化し、自分なりの強みを打ち出して〝この件に関してはこの人〟と記憶してもらいます。それによって〝あなたさえいれば他のコンサルタントは要らない〟と選ばれるのです」などと書いてあります。実際にマーケティングの研修で、私も同じような絞り込みの大切さを話すことがあります。しかし中小企業診断士として独立する場合、特に地方都市の場合はその限りではありません。

私の場合、「オリジナルの肩書きを作るべき」「得意分野に絞り込むべき」という意見については必ずしも賛同できません。そうやってうまくいくこともあるだろうし、絞りこまず幅広くやるからこそうまくいく人もいるだろう、としか言えません。私自身も「得意分野の絞り込み」と「幅広い分野に対応」のどちらにすべきかは未だに揺れ続けています。というよりも、正解はないように思います。私がマーケティングに強い、ということで仕事を指名していただくと「やはり絞り込みは大事だ」と思いますし、本来の得意分野ではないでしょうが、こんなことはできますか？　と依頼されると「得意分野を絞り込み過ぎない方がいい」とも思います。これには首都圏と地方都市の違いも関係していると思われます。

東京と広島のマーケットの違い

中小企業診断士として独立開業するうえで、東京をはじめとする首都圏と地方都市とでは大きな違いがあります。ある中小企業診断士が書いた本を独立前に読んだところ、こんな記述がありました。

「独立診断士としての仕事の市場は、東京を１００とすると大阪が10、それ以外の都市では１である」

　私はこれを読んで、

「いくらなんでも地方都市が東京の100分の1ということはないだろう。たしかに大企業の本社は東京に多いだろうけど地方にだって企業はあるし、人口もそれなりにある。生活水準だって何倍も違うわけじゃない。いくらなんでも大げさだろう」

　と思いました。しかし独立後しばらく経つと、

「広島と東京では100倍どころかそれ以上に市場のサイズが違うかもしれない」

　と感じるようになりました。

　内閣府が平成21年度の県民経済計算という数値を発表しています。これはいわば県別のGDPのようなものです。これによると広島県は10・8兆円、東京都は85・2兆円です。また、首都圏を「東京＋神奈川＋埼玉＋千葉」と考えると、首都圏で154・6兆円となります。

「なんだ、広島と東京の差は約8倍、首都圏と比較しても15倍もないじゃないか。やはり100倍は大げさだろう」

　こんなふうに思うかもしれません。しかしここに落とし穴があります。それは東京と地方都市と

では次のような違いがあるからです。

もし私が水道の工事や美容院といった「人が生活しているうえで必ず発生する仕事」を営んでいるのなら、東京と地方都市の格差を感じることはなかったでしょう。なぜならそういった仕事の量はほぼ人口に比例しているからです。その一方、私が専門としているマーケティングに関する業務は東京に一極集中しています。もちろんB to B（Business to Business＝事業間取引）にもマーケティングは存在しますが、いわゆるマーケティングをより必要とするのはB to C、最終消費者向けの商品を作っている企業です。ここでコンビニやスーパー、家電店で商品を販売しているメーカーを思い浮かべてください。ほとんどは東京が本社のはずです。また、それにまつわる広告代理店、販売促進や市場調査を請け負う企業なども東京に集中しています。マーケティング面でのサポートを必要とする企業、さらにサポートを提供する企業の数が、東京と地方都市では大きく差があります。

（1）仕事の中身

（2）本社と支店

地方都市にも数多くの企業があり経済圏を形成しています。その一部は大企業の支店、もしくは支社です。中には「支店経済都市」と言われ、支店が非常に多く、経済の中心となっている都市まであります。そういった支店や支社は東京や大阪に本社を持ち、さまざまな決裁権が本社にあり、本社主導で事業が営まれます。そのため支店の社員が受講する研修なども、本社主導で決定されます。ましてやコンサルティングを受ける、各種制度を構築するなども最初から本社の決定があり、支店はそれに従うだけ、という進め方が一般的です。このように経済規模の一部が支店・支社によるものである以上、そこから仕事を受注するのは難しく、差し引いて考えたほうがよいでしょう。

（3）コンサルタントに依頼する企業数

これはあくまでも私の経験ですが、東京の企業は外部のコンサルタントに仕事を依頼することが日常化していて特別なことではありません。東京で最後に勤務していた企業でも、新しく立ち上げたばかりなので特にPRを強化する必要があり、外部のフリーのPRの方に立ち上げ期のみ業務を依頼し、コンサルタントフィーを月額で払っていました。東京の企業はプロジェクトごとにコンサルタントに業務を依頼することが当たり前で、かつそのようなフリーの専門コンサルタントも多数存在するので、需要と供給がうまくマッチしています。一方、地方の企業は外部のフリーの人にお金を払い、業務を手伝ってもらうということがあまりありません。親子二代、三代など身内の経営で成り立っている企業も多く、よほど気心の知れた人以外は、わざわざ外部の専門家に企業を丸裸にして見てもらう、ということをしたがりません。そもそも悩みがあっても誰に頼ればいいかわからない、とりあえず商工会議所の青年部の社長仲間に相談するか、となるようです。むしろ地方でも上り調子のベンチャー企業で、会社の成長に内部が追いついていない、という企業の方がコンサルタントのニーズは高いものです。

東京と地方都市のニーズの違いをイメージしていただけたでしょうか。ただ、これは「東京と地方では企業や業務のタイプが異なる」「東京の企業のイメージを持ったまま地方で仕事をするとうまくいかないことがある」というだけで、「だから東京で開業するべき」ということではありません。確かに地方都市でマーケティング業務のニーズは少ないものの、だからこそ競合も少ないとも言えます。地方都市の独立コンサルタントは元金融機関、元大企業の製造現場、といった人が多く、実践を伴ったマーケティング理論を教えたり話したりできる人は極めて少ないのです。だからこそ商工会議所などの業務も私にお鉢が回ってきたと言えます。大事なのは「どこでやるか」ではなく、「何をやるか」「どうやるか」です。そしてそれ以前に自分の「やりたい」という気持ちが最も大事です。地域ごとの市場や競合の分析をするのも大事ですが、独立するにあたっては「自分は何をしたいのか、なぜ独立するのか」という気持ちに向き合うことが大事です。

中小企業診断士としての将来

繰り返しになりますが、中小企業診断士は独占業務がなく、どんな仕事をしても自由です。それは裏返せば中小企業診断士だからといって特権や有利さがあるわけではないとも言えます。だからこそ常に自分で市場を切り開いていく気概が求められます。

「中小企業診断士という資格に将来性があるか」と聞かれたら、私は「NO」と答えるでしょう。といってもこれは資格の価値が下がるという意味ではなく、そもそも「将来性」という観点で考えること自体が意味を成さないと思うからです。現在、医師や弁護士など、一昔前であれば資格があれば一生安泰と言われた花形の資格でさえ「食えない」と言われ始めています。ですから「この資格は将来性があるか」は誰にもわからないし、将来性などという不確定な要素を期待する行為自体が危険です。

だからこそ、中小企業診断士の資格は自分のやりたいこと、あるいはやるべきことのステップとして取得するべきです。自動車の免許を習得するのは自動車を運転するためであり、免許証というカードが欲しいからではありません。それと同じく、中小企業診断士の資格も自分がやりたいことの「道具」として使うべきだと思います。

私はこれから個々の企業の指導や支援だけではなく、「ビジネス」や「商売」の大事さ、面白さを伝えたいと考えています。今の日本は閉塞感で覆われているなどとよく言われるのは、「自分でメシを食う」ための面白さや大変さを忘れているからではないかと思うからです。

戦後、いい学校に行ってその後いい会社に一生勤めることがあたかも幸せであるかのように言われました。このような社会の仕組みは戦後のごく一時期のものに過ぎなかったはずなのに、今でもその〝常識〟は根付いています。また、大学の就職指導でも、どうやれば希望の会社に入れるかは過保護なほど指導しますが、自分の店や会社を始めるという選択肢は提示しません。砕いて言えば「どうやってメシを食うか」を考えなければならないはずなのに、そういった指導はしません。「会社に入って、そこで使われる」という人生がいつの間にか標準的で常識的な人生だとみなされてしまっています。

しかし中小企業診断士として数多くの企業に接すると、自分で会社を立ち上げてパワフルに生きてきた社長に数多く出会います。するとみなさんいきいきとしていて、苦労しながらも自分らしい人生を送っている、と感じます。その反対に「やむを得ずに継いだ」という二代目社長を見ると、あまり幸せそうではありません。自分の人生を自分で考え、自分で切り開いている人は、事業がうまくいこうが失敗しようが、非常に魅力的に映ります。

もちろん会社に勤めるからこそできることも数多くあり、会社勤めを目指すなという意図はありません。ここで言いたいのは「厳しい台風のような環境にいるのはイヤだから、そよ風程度で済む会社に寄り添って勤めたい、とりあえず生活費が安定的に欲しいし」というだけではつまらないし、そんな会社と社員ばかりになったら経済が立ち行かなくなるのは明白だということです。それにどんな会社に勤めようと、嵐に遭遇するときはしてしまうもので、そよ風程度でずっと過ごしたいということ自体がもはや夢の話です。どの会社に就職するか、の前に自分はどうやってメシを食っていくか、自分が何屋さんになるか、といった発想が必要だと考えます。

そこで私は中小企業診断士という「商売のプロ」として、商売についてその面白さや大変さをわかりやすく伝える存在になれたらと考えています。身近な駄菓子屋さんでも、数千億円規模の石油プラント開発でも、その根底が「商売」であることには変わりません。しかし日本では商売やお金の話を「卑しい」と避ける傾向があります。

とはいえ実際には、ほとんどの人は大人になったらお金を稼がなければいけないのも事実です。

商売をことさら特殊なものととらえるのではなく、生活の重要な一部分としてわかりやすく伝えられたら、という展望を持っています。

第四章 中小企業診断士の仕事の現場

~8つの実体験から

ケース1：親子間の対立　～自分に置き換えて涙～

独立してから2年目のことです。大ベテランの先輩診断士のXさんから依頼を受け、広島市の卸売業のA社を支援することになりました。Xさんはご自身で長期間にわたって対応することが困難であるため他の診断士に任せようと考え、A社の取扱商品が私の会社員時代に経験していた化粧品に近いということで、実行役に私を選んでくださいました。A社に向かうと80歳近い高齢の会長ご夫婦、そして会長のご子息である社長と、合わせて三人が待っています。それに対してこちらは、私を紹介して下さったXさんと、銀行の担当者、そして私の3名で訪問しました。

A社が銀行の紹介で診断士の指導を受けることになったのは、ある理由があります。それは、売上げ減少による経営難に陥ってしまい、金融機関との折衝および取引継続をするために経営改善計画書を作成する必要があったからです。経営改善計画書をいきなり社長に書けと言っても難しいので、銀行はベテラン診断士のXさんに相談したのでした。

いろいろとお話をうかがう中で、A社のさまざまな問題点が見えてきました。一時期は広島のみならず四国や山陰にも営業所を拡大していたのが、取引先の廃業や縮小、全国規模の大手の参入などで、バブル以降の業績が年々厳しくなっていました。数年前までA社は卸売業として一部のメーカーと地域の独占契約を結び、担当エリアの店に卸していれば商売が成り立っていました。しかしそのメーカーの商品力自体が低下したり、これまでの慣行で守られていた地域ごとの卸売の制度が事実上崩壊したりと、苦しい状況が続いていることがわかりました。営業所で横領があり支店長を解雇したなど、生々しい実態も教えていただきました。

その中で私が終始気になっていたのが、高齢の会長ばかりがずっと話していたことです。しかも業績不振の本質には触れず、「一生懸命やれば結果はついてくる」「従業員は気合いが足りない」など、精神論に終始しているのです。その間、息子である40代の社長は一言も喋らず、終始うつむいています。色々な話題に話は及びますが、社長はほとんど何も語らず、私はじれったく感じていました。そのままおよそ2時間、会長とXさんとの間で話はほとんどが行われました。そしてマーケティングや営業面を改善すること、在庫を削減すること、事業の縮小に着手することなどが次々と決まっていきました。

やがてお昼が近づき、A社はお弁当を用意してくださっていました。会長とXさんとで「ではそういうことで……」と話がまとまりかけたので、私は居ても立ってもいられなくなり、口を開きました。

「ちょっと待って下さい。さっきから社長のご意見を何も聞いていません。実際に業務の権限がお有りなのは経営者の社長のはずです。それなのに社長の意向を無視して決めるのは問題かと思います」

私の言葉にXさんは、苛立ちを隠せませんでした。

「君、今まで何を聞いていたんだ。こうやって話し合って決めたことじゃないか。それを今さらひっくり返そうというのか」

「社長はさっきから何もおっしゃっていません。こうして意思の統一が不明確なまま、一方的に決めてしまうのはまずいのではないでしょうか」

「じゃあ、社長に聞いてみよう。社長、あなた何かこれで不満はあるの？　別にないよね？」

社長はずっと黙ってうなずくばかりです。

「ほら、社長はこれでいいと言っているじゃないか」

しかし、本当に何も思わないはずがありません。社長である自分をさしおいて、親とはいえ会長とXさんの間で勝手に話が決まっていくのです。それが面白いわけがありません。

私は無意識のうちに、社長と自分自身を重ねあわせていました。私は親族の会社の倒産を体験したことがあります。それによって私に何か直接の被害があったわけではありません。しかし親族の会社が倒産すれば、その影響は自分の意思には関係なく自分の人生に及び、ある意味永久に忘れることができない問題として心に残ります。そのことを身を持って感じていました。おそらくA社の社長も同じように、身内である父の呪縛から逃れられないであろうことが、その場の雰囲気から感じられました。

実際、あとで詳しく聞いたところ、社長を継いだのは心からの意思ではなく、小さい頃から「自分の親は会社を経営しているから、いつか継がなければならないものだ」と思っていたそうです。それで大学卒業後、他業種の営業職を数年間経験した後、郷里の広島に戻って継いだのだと教えてくれました。余談ですが、このように社長の意思とは必ずしも関係ない事業承継、「社長になりたいわけではなかったのですが家業だから継ぎました、そういうものだと思っていました」という例は決して珍しくありません。

だから親である会長に何も言えない社長を見て、ある意味自分自身を見ているようでした。そして、本当は思うことがあるのに言えない、言わせてもらえない社長を見て、悔しくて涙が出てきました。

「社長、本当にこれでいいんですか？　こうして自分が何も言わずに決まっていっていいんですか？」

涙を浮かべながら熱く社長に語りかける私に対し、それまで温厚だったXさんもついにカチンと来たようで、言い放ちました。

「君、こうして話し合いで決めたことなのに何を言っているんだ！　社長もこれでいいと言っているんだ！　わけのわからないことを言って、そんなことでは困る！　辞めろ！　帰れ！」

そう言われた私も完全にヒートアップしてしまいました。私を指名したXさん自身が帰れというのなら私もそれに従うまでだ、と売り言葉に買い言葉です。

「わかりました！　帰ります。失礼しました!!」

そのとき私は本気で帰ろうとしていました。社長の意見を聞いてほしい、言葉を聞きたい。下を向いて黙っているが、本当は何か言いたいはずだ。ただそれだけだったのです。そんなことさえもかなわない、許されないというのなら、私はこの支援に参加する意味がない、そう思っていました。

するとA社の会長の奥様、つまり社長の母親が興奮する私たちを見て助け舟を出してくれました。

「まあまあ、そんな……そんなことはおっしゃらずに……ねえ、せっかくお昼があるのですから、食べていかれませんか?」

この言葉で私は冷静さを少し取り戻し、帰ろうと肩にかけたカバンを再び床に置きました。改めて椅子に座ると、さまざまな感情が湧いて溢れだし、涙が止まらなくなりました。そしてさまざまなことを語りました。自分の親族も事業をしていたこと。そして倒産したこと。自分はそれに対して何も手伝うことができなかったし、もう時間は戻したくても戻せないこと。自分の親族の会社が潰れるということがどれだけ悲しいかということ。たとえ業績が苦しくても、こうして親から子へと会社を継ぐことができたのだから、うまくやってほしいこと。そんなふうに社長と自分を重ねあわせていたこと。それまで私自身も黙っていたことを埋め合わせるかのように、涙をこぼしながら話しました。するとXさんも私も次第に冷静になり、今後の支援についてお昼を食べながら話し合うことができました。その結果、A社の会長は経営から一歩引いて息子である社長に任せることを提言し、了承していただけました。

実はこの企業は、会長夫婦が社長である息子をまったく信頼しておらず、会長に退きながらも実質的に第一線のトップとして活動しているのでした。しかし、営業所を増やして売上を伸ばしていた昔の感覚を引きずっており、そのため現在の業績の悪さを「息子はわかっていない、あいつは社長として経営ができない」で片付けていたのです。一方息子も父と話し合いをしたいという意思はあるものの、お互いうまく意思疎通ができず、仕事でもプライベートでも一切話さなくなったのだそうです。これで困るのは社員です。会長と社長という二人のトップがいて、それぞれ違うことを言えばどちらに従えばいいのかわかりません。しかも会長と社長が反発しあっているのならまだわかるのですが、お互いを無視して異なる方向を向いていて、ずっと冷戦状態なのです。これでは社員にとっても居心地がいいわけがありません。

その後、私は何度にもわたって訪問し、銀行の担当者も交えながら「会長から社長への権限移譲」「組織の指揮系統の明確化」などを提案に盛り込みました。しかし、初回に会長は社長に経営を任せると明言しておきながら、その後の経営ではまったくそうなりませんでした。相変わらず口を出し、指示を出し、息子と反目しあっているそうです。このような親子関係の肉親同士の問題となると、私たち外部の人間では限界があります。感情のしこりは企業経営の理論を上回ってしまうからです。いくら企業再建の学習をしたところで、外部の人間である中小企業診断士ができることには限界があります。

中小企業診断士、特にコンサルタントの仕事というと「企業を分析して適切な経営助言を与える」というイメージなのではないでしょうか。実際にはこのA社のようにそれ以前の家庭や個人の問題、たとえば親子喧嘩といった問題が目の前に横たわり、経営手法の問題にまで至らないことも珍しくありません。このような血縁の問題は、いくら理論を用いて分析をしても解決できません。おそらく多くの中小企業診断士が最初にぶつかる壁ではないでしょうか。

中小企業の支援は、ある程度は関係者の間に入り込み、そしてある程度は当事者に任せながら、非常に泥臭い、人間関係の部分のお付き合いになることが多いものです。極端な話、いくら完璧な提案をしても、経営者から「でもあなたは信頼できない」と言われたら何も達成できないのです。今回のように、業績悪化の背景に経営以外の原因が潜んでいることも珍しくありません。だからこそ、中小企業診断士は企業を全方位的に診断する必要があるのです。

中小企業診断士やコンサルタントというと冷静に問題点を指摘して……というイメージかもしれません。このときは二代目社長と自分を重ねあわせ、私自身も泣いてしまうかも……と思いながら熱くなってしまい、そして本当に涙を流してしまいました。クライアントの前で口論を始めるコンサルタントは私くらいかもしれません。もちろんそれ自体はほめられたものではありませんが、本当に自分の思いを伝えたい、この会社、特に社長を助けたい、という思いからでしたので後悔はありません。もちろんもっとうまいやり方はあったと思いますが、逆にこれくらいの気持ちがなければ独立コンサルタントとしてはやっていけないのではないでしょうか。自分の名前で仕事をしていく以上、引けないところは引かない、といった気概を持つべきだと思います。

ケース2：夢ばかり追いかける経営者　～義務と報酬をセットで～

あなたは経営者というとどんな人をイメージするでしょうか。組織を飛び出したバリバリのやり手、社員のトップに立つ気概ある責任者、などといったイメージがあるかもしれません。しかしその反対に「企業で会社員ができないから」すなわち「自分が中心になるしかないから」経営者をやっている、という人も少なくありません。たとえば一代で大企業を築き上げた人、ソフトバンクの孫氏、ユニクロの柳井氏、ワタミの渡邉氏、サイバーエージェントの藤田氏……を思い浮かべてみてください。彼らがもし企業の会社員として勤め続けたら優秀な社員だったでしょうか。おそらく会社の方針に嫌気がさしたり、上司と衝突したり、たとえ能力があっても順調な会社員人生を送ることはできなかったのではないでしょうか。彼らはいわば「自分がトップにいないといられない人」です。そして中小企業の社長も、そこまではないにせよ、「社長以外はできない人」も少なくありません。

私が支援した洋菓子チェーン社長のB氏もそういったタイプでした。私はその会社の業務改善や売上向上など、総合的なコンサルティングを担当しました。B氏は先代が創業した洋菓子チェーンを経営する二代目社長です。B氏の会社は郊外に複数の店舗を持ち、地元では老舗として評判のお店でした。しかし徐々に経営が悪化し、とうとう赤字になってしまい、コンサルティングを依頼されました。

B氏ご自身はケーキ作りの経験はないものの、非常に人当たりもよく、こちらの提案にも前向きに耳を傾けてくださいます。話をうかがったのはレストランと工場を併設した店舗の倉庫だったのですが、明らかにこの店とは関係ないと思われるワインセラーやバーベキューセット、燻製を作る器具などのコレクションがあちこちに置いてあります。それらについて私は尋ねました。

「ワインセラーなどいろいろあるようですが……これらはお仕事には使われていないんですか?」

「将来、アメリカ西海岸にあるようなレストランを出すのが夢なんですよ。それで研究のためにいろいろ揃えちゃいました」

悪びれるでも申し訳なさそうにするでもなく、あっけらかんと答えられました。

ここで普通なら「経営が厳しいのにそんな夢を追いかけている場合ではない。使うかどうかもわからない高額な器具を安易に買うとは何事だ。会社を私物化してはならない」と言うことでしょう。また、これが中小企業診断士試験の問題だったら「経営者は将来の未確定なことよりも現状の問題解決に専念すべき。従業員のモラール（意欲、やる気）も低下する」などと答えるべきでしょう。私だったらそう書きます。

しかしそんな「一般論」や「あるべき論」では解決できないのが現実の中小企業の経営です。公私混同はいけない、社長の今の仕事に専念しろ、というのは確かに正論です。しかしそんな当たり前のことは社長だってもともと頭ではわかっているはずですし、そのような教科書通りの経営を押し付けても反発されるだけです。あなたもダイエットしよう、無駄遣いはよくないから節約しよう、などと頭ではわかっていても挫折することもあるでしょう。それを「できないあなたは改めるべき。痩せるべき、節約すべき」と頭ごなしに言われたら、それがいくら正しくても反発してしまうのではないでしょうか。

これは決して依頼者である経営者に媚びるとか気に入られるとか、そういったことではありません。どんなにお題目が立派でも、それを企業側が実行できなければ意味がないからです。この場合、ワインセラーが無駄だというのは正論ですが、その結果として経営者が「そうだな、確かに無駄だな。これからは目の前の問題に対処しよう」と思ってもらえなければ意味がありません。頭ごなしに否定して「面倒だなあ、西海岸風のレストランはコンサルタントにも従業員にも隠してこっそりやろうか、しょうがない」となっては逆効果だからです。

このようなケースでは、私は「将来やりたいこと」と「現状の課題解決」をセットにして提案するようにしています。そして、単なる夢追い人にならないよう、その夢を追いかけて実現するためには現状こういう問題がある、それをこれから解決して夢が叶うようにしましょう、と持っていくのです。具体的にはこのように言います。

「将来、西海岸風のレストランを経営したい、という社長の夢はわかりました。しかし今の経営状態のままではそれは難しいでしょう。では3年後にそれを実現するためにはどうすればよいか考えてみましょう。現在、経営には三つの問題があります。一つ目は～、二つ目は～、三つ目は～です。これらを少しずつ解決し、1年後には～、2年後には～、そして3年後には～という状態にします。こうなればそのレストランをオープンさせることができるでしょう」

こう言うとB社社長は目を輝かせ、なるほどそうしていけばいいのか！　ぜひよろしくお願いします！　と非常に前向きになりました。もし頭ごなしに「無駄なものを買ってはいけません！」と指摘していたらこうはならなかったでしょう。この提案のポイントは3つあります。

（1）相手の夢を否定しないこと

経営者というのは先ほど述べたように、ある意味「トップでないといられない人」です。そんな人に会社員的な会社の常識を押し付けることは不可能です。自分がルールであって自分が好きなようにお金を使える立場にあるのは事実ですから、「経営責任が……」「社員にも家族が……」などと綺麗事を言っても意味がありません。「自分が経営者＝オレの会社」だからです。実際、自宅を担保に入れるなど、経営者は相応のリスクも負っているのです。

ですから夢は夢として素直に認めてあげるべきです。そこから「ではどうすればいいか」を提示すると、難しい「経営課題の解決」が「夢の実現のための前進」になります。

（2）期間とゴールを明示したこと

この場合では「3年後のオープンを目指す」と明示しました。もしこれが「いつか経営が安定したらやりましょう」だったら、その気になるのは難しいのではないでしょうか。あなたも学生時代、テストの日が決まっていたからこそ、それに向けて勉強したはずです。また、ゴールがわからないマラソンは誰でも疲れてしまいます。だから「3年後に」という期間を明示することは重要です。

また、時期を区切ることで「その3年後にどういう状態であればレストランをオープンできるか」を明確にできます。たとえば売上は今から10％増、経費を5％減にすれば○○円のキャッシュができるから、それを開店資金にして……とシミュレーションできます。それを逆算して、じゃあ2年後には……、1年後には……と目標を小刻みにして提示するのです。いきなり大きい目標を達成しようとするのではなく、実現可能な範囲で少しずつ進むことが大切です。

（3）やるべきことを分解して実行可能にしたこと

売上を伸ばすことや費用を減らすことが重要であることは、経営者ならずとも誰でもわかっています。そこで問題なのは「どうやるか」です。この実行可能の方法がなく、単なる診断だけに終わってしまってはコンサルタントの意味がありません。

そのため「期間」と「ゴール」を明示した上で、ではそれを実現するためにどうすればいいか、を提案するのが中小企業診断士の仕事です。売上を伸ばす、と一言で言うのは簡単です。具体的に挙げると新商品を開発するのか、店舗を拡張するのか、それとも営業時間を延ばすのか、とさまざまな方法があります。しかも資本が豊富な大企業と異なり、中小企業は保有する資源、すなわち「打てる手」が限られています。そのような制約もふまえながら、保有する資源の中で実行可能な方法を提案するのが中小企業診断士の仕事です。

「経営者は普通の会社勤めができないような人も多い」と書いたため、経営者イコール変わった人、特殊な人、というイメージを持つかもしれません。しかしある程度は変わったところや人間的魅力も経営者には必要なのではないかと思います。B社の社長について従業員に聞き取り調査を行うと決して評判は悪くなく、「なんか憎めないんですよね」「社長ががんばろうって言うとそうだなって思っちゃうんです」などと好意的な反応ばかりでした。自分の夢のためにワインセラーを買う、などと文面だけを見ると自己中心的な社長のように思えるかもしれません。しかしこれらの社員の反応を知って私は安心しました。経営者に完璧さは必要ありません。どんな性格や人間性であれ、従業員から「社長の言うことなら」と信頼してもらえることは、何事にも変えられない社長の資質であり、会社としての強みなのではないかと思います。そのような社長のプラス面の資質を活かしながら「あなたの夢を叶えるために今はこうしましょう」と導くことが中小企業診断士のやるべきことであると考えます。

ケース3：専門用語に注意　～研修の終了間際で～

あなたはこれまで、自分の仕事あるいは学校や趣味の話を家族や友人にしたら、自分としては当たり前のことが全然相手に伝わらず、話がなかなか通じなくて困った……という経験があるのではないでしょうか。

金融機関主催のマーケティング研修の講師を務めていたときのことです。その研修は休憩を挟んで全部で6時間も行うため、資料も時間をかけて作成し、私は非常に気合いを入れて臨んでいました。研修は、合間にワークや話し合いなども織り交ぜながら、予定どおり順調に進行していました。そして残り1時間となり、最後の休憩時間をとりました。すると最前列の若い女性が、小声で恐る恐る私に質問してきました。

「あのー……冒頭で先生がおっしゃっていたBtoBやBtoCってどういう意味なのでしょうか……？」

B to B（ビートゥービー）とはBusiness to Business、つまり事業者間の取引のことです。たとえば自動車部品会社が自動車のシートを作って自動車会社に納入するなど、企業と企業の間でお金や商品のやり取りをするビジネスのことです。一方B to C（ビートゥーシー）とはBusiness to Consumer、すなわち企業と消費者の取引のことです。企業が消費者向けの商品を作る、小売店として商品を販売する、あるいは髪を切る・家の壁を修繕するなどのサービスを提供することがこれにあたります。ちなみにネットオークションなど、消費者同士がつながって取引することをConsumer to Consumer、C to C（シートゥーシー）と言います。

私はB to B、B to Cという用語はビジネス用語と呼ぶほどですらない、いわば当たり前の日常用語だという認識で使っていました。そのためわざわざ解説もしませんでした。しかし、受講者には多様な背景や知識レベルの人がいます。もちろんすべてを全員に合わせることは不可能ですが、「これくらいの知識はあるはず」という思い込みを捨て、誰にとってもわかりやすい言葉を用いることが大事だと気づかされました。しかもその研修はマーケティング研修とはいえ、実務でのマーケティング経験はほとんどない方たちが対象だっただけに、より一層用語の選択には敏感になるべきでした。

これは研修のみならず、現場のコンサルティングでも同様です。特に中小企業診断士、あるいはコンサルタントになりたての頃は、コンサルティングの相手に自分の知識を「教える」ことをしたくなります。自分には豊富な知識があることをアピールしようと、専門用語や最新の知識を並べ、「自分は先生です」と言いたくなるのです。

しかし実際の経営者は、改めて経営の勉強をしたことがあるとは限りません。逆に言えば、経営の用語を知らなくても素晴らしい経営をしている経営者はたくさんいます。そこで専門用語を並べても、自分が賢いことのアピールにはなるかもしれませんが、本当に経営者に役立つパートナーになることはできません。

そのため私は、相手がどんな人であろうともわかりやすい言葉や表現を使うことを心がけています。どうしてもマーケティング用語を使いたいときは、必ずそれがどういう意味かを説明してから使うようにしています。あなたが周囲の人に話して伝わりづらく感じるときは、あなたの「当たり前」が周囲の人の「当たり前」と違うのかもしれません。

私はマーケティング研修などで以下のことをよく話します。

「あなたは基本的に勤務中、自分の会社や商品のことを考えているはずです。それは週5日、8

時間としても週に40時間にもなります。ところがお客さまは、あなたの会社や商品のことをそんなに長い時間をかけて考えてはいません。私が化粧品会社に勤務していた頃は、世の中のすべての女性が『今使っているファンデーションより良いものはないだろうか』と常に考え、探しているかのように思っていました。しかし女性にとって、化粧品を考える時間は全人生の中の１％もないはずです。それなのに、ビジネスパーソンのみなさんは自社のことを一生懸命考えるあまり、お客さまも同じくらい考えていると思い込んでしまうのです。だから、お客さまが考えることとのギャップが生じるのです」

長年仕事をしていると、好むと好まざるとにかかわらず業務知識が積み上がります。その結果、一般の人と「当たり前」の基準がずれてくることがあります。それを避けるためには、知識を振りかざすのではなく、常に相手の立場に立ち、相手にとってのわかりやすさを心がけることが必要です。ベテランとして経験を積めば積むほど「素人」の視点が失われていくので、注意しなければなりません。

ケース４：常に見られている意識を　〜言動に責任を持つ〜

私は開業前から実名でブログを書いています。とはいえ更新は不定期ですし、内容も決まっていません。サイトを訪れる読者もあまり多くなく、特に反応もありません。そのため私のブログは、そのときに思った備忘録、メモのようになっていました。ブログにはまれに「これって変じゃない？」「こういうのって問題だよね」という自分なりの意見や考えも書き込んでいました。それは誰かに伝えたいというよりも、自分が書き込んで気分を発散することが目的でした。その際、個人や企業が特定できるような情報を掲載しないよう配慮していたつもりでした。ところがそこに落とし穴がありました。

私がＣ社をコンサルティングしたときのことです。Ｃ社は在庫管理に典型的なミスがありました。しかもＣ社はそこを指摘されるまでまったく気づいていませんでした。事務所に戻ってから振り返ってみると「実はＣ社と同じような在庫管理のミスをしているが、それに気づいていない企業は多いのではないだろうか」と思いました。忘れないうちにそれをブログに書いて残しておこう、そのブログを読んで「ウチも同じだ」と思う経営者もいるかもしれないし、同業者からは「こういうミスは確かにあるな」と共感してもらえるのではないか、と思ったからです。ブログにはもちろんC社の名前を出さず、ケースを少し変えたうえで「在庫管理で気づかないうちにこういうミスをしている企業は多いのではないでしょうか」という一般的な悪い例として紹介しました。

翌日、先輩のコンサルタントのDさんから電話がかかってきました。

「幸本さんのブログを読みました。もちろん幸本さんが何を情報発信するかは自由です。しかし昨日の在庫管理のブログはまずいのではないでしょうか。あれをC社の方が読んだら気分を害されるのではないでしょうか」

私ははっとしました。確かにブログには企業名を出しているわけではなく、あくまでも「このような企業は多いようです」と一般論として書いただけです。しかし、もしC社の関係者が見たら「これはウチのことじゃないか」と気づくことでしょう。そしてブログの中で悪い例として自分の企業が挙げられていたら、いい気分はしないでしょう。

しかもC社は、その先輩コンサルタントのDさんから紹介された案件だったのです。Dさんは私のことを信頼してC社に私を紹介して下さったのです。それが社名を出さないとはいえ「こういう企業はダメ」という内容のブログを書けば、私を紹介してくれたDさんの信頼にも関わります。

もし私とC社が直接の知り合いで直接に取引をしていたら、C社に抗議を受けても「いや、あえてブログで公開することで御社に問題であることを強く認識してほしかったのですよ」と言い訳できなくもありません。また、ブログでC社が気分を害し、仮に私との契約を打ち切っても、それは私が損をするだけで済みます。しかし今回はDさんの存在もあります。もしかしたらDさんはC社に「あなたが紹介した幸本さんがウチのことをブログで悪く書いている」と抗議を受けたのかもしれません。もしそうでなくても、C社の人がブログを見たら「Dさんが紹介した人はひどい」とDさんの信用まで貶めてしまうかもしれません。そこまで考えが至らず、自分本位だったことを深く反省しました。

私はブログなどの情報は「匿名だったらいい」という程度にしか考えていませんでした。今回の件もその企業を名指ししたわけではなく、直接誰かが被害を受けたわけではありません。しかし自社が「悪い例」としてウェブに書かれたら誰だって気分はよくないはずです。そんな単純なことを忘れていました。

思い返すと、過去のブログ記事でも社名は出さずに「こういう企業ってありますよね、こういうところは良くないですよね」という書き方をした経験は少なくありません。もし私がジャーナリストなどであればそれでいいかもしれません。しかし私はその会社の仕事を請け負い、場合によっては間にDさんや支援機関のような第三者が入っていることもあるのです。ブログで偉そうに評論をして、せっかく私に仕事を紹介してくれた第三者の顔に泥を塗っていたのではないか、と恥ずかしく、申し訳なく思いました。

私は自分でも気づかないうちに、ブログで注目されたい、そして「なるほどこういう実態があるのか、いいことを教えてくれる人だ」と尊敬されたい、という虚栄心があったのかもしれません。さらに閲覧数が少なく「どうせ自分の周囲の人は読んでいないから」という思い込みもありました。そのため「こんな企業はダメ」などと平気で失礼なことを書いてしまっていたのでした。それ以降は反省し、ブログではたとえ企業名を伏せても特定の企業には触れない、仮に触れるとしても良い面だけに言及する、ということを心がけています。

ここで改めて、独立開業する中小企業診断士とブログなどのウェブメディアの関係について、私の反省もふまえてお話しししたいと思います。よく書籍などではコンサルタントに限らず専門家のブログの活用法として次のように書かれています。

「ブログに自分の専門性をアピールする記事を定期的にアップしましょう。すると読者があなたのファンとなり、その数が少しずつ増えていきます。そしてそのファンが増えて結びつきが強くなったら商品やコンサルティングの紹介などをして、顧客を獲得します」

10年ほど前にブログがブームになった頃から、このようなことが言われ続けています。最近ではFacebookやTwitterなどのソーシャルメディアで同じようなことが繰り返し言われています。しかしあなた、もしくはあなたの周囲でこのような手法でうまく行った人はいるでしょうか。もしくは違う角度から考えると、あなたが愛読しているブログがあったとして、その筆者がブログ以外ではまったく知らない、接点のない人であれば、その人にいきなり仕事の依頼や相談をしたことがこれまでにあるでしょうか。おそらくないはずです。

実際のところ、肩書きや実績などとまったく関係なく、ブログ「だけ」で注目を集め、有名になった人はほとんどいないのではないでしょうか。仮にあったとしてもそれはごくごく一部の特殊な事例でしょう。にもかかわらず「私はこうしてブログを活用して成功した、あなたにもできる」などと言われがちです。しかもそういった成功事例は元々ブログに適した企業や商品などの「ネタ」があってこそで、無名のコンサルタントがブログだけで有名になって仕事の問い合わせがザクザク入ってくる、などというケースは聞いたことがありません。仮にあったとしても、その人はブログ以外にも地道な直接の営業や紹介などをこっそり行なっているのに、ブログの達人であることを強調するためにそれらを隠しているのではないでしょうか。

これについては私も最初からある程度気づいていて、「ブログで顧客獲得！」などというのは無理だろうと思っていました。ではなぜ「賢く思われたい」という虚栄心を出してしまったのか。当時は仕事が少ないゆえの承認欲求があったのだと思います。仕事がまだ少なかったころにやりがいのある仕事を紹介されたものですから、「さあ企業を指導してやるぞ！　この企業はこんなところがダメだ！　実名はマズいから一般例としてブログで書いて、こんな仕事もしているというところを見せてやろう！」と思い上がってしまったのです。普段は仕事があるだけでもありがたい……と謙虚だったにもかかわらず、仕事が増えると急に自分が「先生」になって威張りたい、スゴイ人であると承認されたい、という気持ちが無意識のうちに出てしまっていたのでした。

さきほど「私のブログを見ている人は少ない」と書きましたが、一度名刺交換しただけの人と一年ぶりに会って「ブログ読んでいますよ」「メルマガが勉強になります」などと言われることもまれにありました。だからブログなどは「アクセスが少なくても、反応に乏しくても、意外と見ている人は見ている」と思っておいたほうがいいでしょう。最初の例も、先輩の診断士のDさんに「私はブログやっています」などと言ったことはないため、Dさんが私のブログを読んでくださっているとは思ってもいませんでした。ブログを初めとする文章は、手元から離れたらすぐにシャボン玉のようにはじけて消えてしまうわけではなく、いつまでも残り続けます。だからこそ発する文章や言葉には気をつけなければなりません。

ブログなどのソーシャルメディアは「宣伝」や「顧客獲得」のために使うのではなく、「身近な人への近況報告」として使うべきでしょう。仕事の当たり障りない話やプライベートの話、あるいは読んでためになった本の報告などにとどめておくのが最適だと思われます。私のように「専門知識をアピールしてやろう」「難しいことを考えている人だと思われよう」などとは思わないことです。最初から知名度が高く、放っておいても読者が集まってくるコンサルタントのブログと、私のような駆け出しとではブログの位置づけはまったく異なります。

開業したてのコンサルタントが毎日毎日、ブログに難しい経済理論や政治について長々と語っていたらどうでしょう。仮にその中身が高レベルであっても「暇なのかな」くらいにしか思われないのではないでしょうか。もしもクラスの秀才がテストで100点を取った！　と教室中にアピールしたら、100点そのものはすごいと思っても、その人と友だちになりたいとは思わないでしょう。

それに、仮に実績をアピールしたとしても、ネット上だったら「ウソ」はいくらでも可能です。たとえ事実であっても、こんなすごい仕事をしたとアピールすればするほど「実際は大したことはしていないんだろう。そんなに忙しいなら、わざわざその報告をブログに長々と書いたりしないだろう。自慢したいから大げさに書いているんだ」と思われるのがオチです。

コンサルタントという職業上、「仕事を頼むに値する人だと思われないと」「そのためには難しいことや賢いことを書かないと」と思いがちです。それがエスカレートすると、私のようにさっきまで一緒に仕事をしていた特定の企業を揶揄するようなことを書いてしまいます。中小企業診断士が独立してブログを書くのなら、あくまでも①楽しいこと、②役立つこと、③易しいこと、そして④誰も傷つけないことを念頭に置くべきでしょう。私の失敗をふまえた反省です。

ケース5：原稿が盗用された⁉　～リスク管理と信頼関係～

私が広島県から雇用や人材育成の仕事を請け負っていたときのことです。その仕事の主要な内容は、新卒を採用したい、あるいは社内の人事制度を整えたい、といった広島県の企業に対して、人事関連のコンサルティングを提供することでした。ある日、さらに人事関連をテーマにしたセミナーも行なってほしいと依頼されました。企業の経営者や人事担当者に参加してもらい、効果的な採用や育成の方法などをレクチャーするのです。広島市と、広島市から約１００㎞離れた福山市でセミナーを行うことになり、私は広島市のセミナーを、もう一人の中小企業診断士のEさんが福山市のセミナーを担当することになりました。

セミナーの内容を考えるにあたり、広島市と福山市であまりにも内容が違っても困るし、別々の内容を考えるのは二度手間になるし……と考え、私がセミナーの資料を作ることになりました。それをEさんに説明し、Eさんには同じ内容を福山市のセミナーで話してもらう、というやり方で執り行うことになりました。

そのセミナーは広島市、福山市ともに無事に終了しました。そしてその広島県の事業自体が終了し、Eさんとも疎遠になっていました。

それから数カ月経ったある日のことです。地元の経済誌を見て驚きました。その経済誌にはある中小企業診断士のグループが持ち回りで経営についてのコラムを書くコーナーがあります。それを読むと、企業の新卒採用について、私が作成したセミナー内容そっくりそのままのことが書かれているのです。記事の著者はEさんでした。

その記事がセミナー内容と方向性が一緒、あるいは使っている一部のフレーズが同じという程度ならばわかります。しかしそれどころではなく、使っている数値データなどを含め、2時間のセミナーのスライドをそのまま要約した記事になっているのです。

もし私が事前にEさんから「この前の幸本さんが作ってくれたセミナー資料を参考にしたい」などと言われたら、そのまま転載するのは不可だとしても、検討の余地はあったでしょう。しかし私には何の断りも連絡もなく、そのまま掲載されているので呆れてしまいました。Eさんは「私ものセミナーの講師を務めたのだから、この資料は私のものでもある」「こうして掲載して少し目立ったくらいでなぜいけないのか」とでも思ったのでしょうか。

その経済誌に非はないので、まずはその原稿を取りまとめている中小企業診断士のグループや、広島県の事業の関係者などに事態をお知らせしました。とはいえ記事はすでに流通していますし、私からの問い合わせを受けても各関係機関は「そうなんですか」という以上に対処のしようがありません。私としても直接的な金銭の被害を受けたわけではないですし、Eさんに抗議をしたところで疲れるだけなので、結局泣き寝入りしました。

Eさんがまったく悪意がなく「研修資料を作ったのは幸本さんだが、二人で行った研修だから自分のものでもある」と考えて記事を書いたのか、それとも私の目に入らないだろうと考えて転用したのか、それはわかりません。あるいは中小企業診断士であるにもかかわらず、根本的に権利意識が薄い人だったのかもしれません。もし今回の件で、私が作成したセミナーの内容がすでに大勢の目に触れている著作物だった場合は、より強硬に抗議していたかもしれません。ただ今回の場合、セミナー資料の転用であってそのまま複写したのではなく、E氏がこれで得た利益も微々たるものでしょう。手間なども含めて考え、抗議するまでには至りませんでした。

中小企業診断士の仕事は、形ある在庫としての「モノ」があるわけではありません。アイデア、解決法、提案といった「情報」が主な商品です。さらに情報は簡単に複製することが可能です。そのため今回のように「あの人は私のアイデアを盗んだのではないか」「勝手に他人のセミナー資料を自分のセミナーで使っているのではないか」といった疑念が発生することがまれにあります。

私自身も他の講師のセミナーを受講したり、書籍を読んだりして「この部分は次の自分の研修に使えそうだな」と活用することはあります。しかしそのときもそのまま転載することは絶対にしません。引用レベルであれば出典を明記しますし、チェックシートなどの資料を元のまま活用したいときは必ず作者の許可を取るなどして、権利関係に抵触しないように非常に気を使います。

中小企業診断士は、著作権などの法的な権利を守ることももちろん、「信用」も非常に重要です。「あの人は他人のセミナー資料を流用した」「他の人の提案内容を、さも自分が考えたかのように触れ回っている」という噂が立てば、一気に信用を失うでしょう。信用で成り立っているサービス業であるだけに、情報の扱いについてはきわめて慎重になる必要があります。

ケース6：印刷工場の経営者 ～覚悟を決めて信頼してくれる～

コンサルティングを依頼する企業の中には、売上は伸びているので今度は新分野に進出したい、だからそのための支援をしてほしい、という場合もあります。しかし実際には何かしら困っていたり、苦境に立たされていて、やむを得ず助けを求めるケースが大半です。F社も後者のケースで、家族と社員数人で経営する小規模な印刷会社でした。

F社はもともと印刷工場に勤務していた現在の社長が創業した企業です。文庫や新書を中心とした印刷で業績を伸ばし、特にバブル期は注文が来ても捌きれないほどだったと言います。十数年前、街中から郊外に工場を移し、社長と妻、長男と数名の社員が昼夜交代で操業していました。

１９９０年代にバブルが崩壊し、そのうえ出版不況のため、出版物の注文が年々減少していきました。とはいえバブル後に注文が減ること自体は印刷業界に限ったことではありません。どの業種でもある程度は経営が苦しくなって当たり前でした。しかし社長から聞き取りを進めると、印刷業、特にこのＦ社に固有の問題が三つあることに気づきました。

まず一つ目は、同社はずっと出版社側の言い値で注文を受注していたため、価格交渉力がないことです。極端な言い方をすれば「これを三万部、単価○円でよろしく」という注文をすべてそのまま受け入れていたのです。そのためバブル後にじわじわ単価を減らされても交渉の余地がありません。「イヤならヨソに頼む、お宅にはもう頼まない」と言われたらそれで終わりです。

二つ目は、取引相手をもともと3社に絞り込んでいたことです。バブル期に注文を捌き切れないため、付き合いの深い3社とのみ取引をしていました。仮にもっと多くの企業と取引があったら、「イヤならヨソに頼む」と不利な条件を提示されても、それを突っぱねることもできたでしょう。その分他の企業からの受注を増やせばいいからです。しかし取引先が3社だと、1社を断れば残りは2社になってしまいます。なおかつ価格交渉力がなく、言い値で受注するので、単純にそれだけ売上が減少してしまいます。

三つ目は、文庫や新書といった比較的簡単な印刷に注力しているため、他の事業や新分野に展開する余力がないということです。印刷はＩＴ化の進展によりどんどん変わりつつある業態です。単純に「印刷する」だけでは付加価値を生むことができず、より具体的に顧客に「ソリューション」を提供する業態へと目まぐるしく変化しています。大手企業は印刷そのものよりも情報処理、たとえばＩＴを活かした顧客のデータの活用や電子機器と組み合わせた情報の提供などに軸足を移しつつあります。それに対し、Ｆ社はさほど高度ではない紙の印刷にだけ長年取り組んでいたため、タテの拡大＝より高度な印刷技術や、ヨコの拡大＝ＩＴと組み合わせた情報ソリューションの提供、といった新たな展開に移行するのが困難な状況にありました。

多くの中小企業はこのように「バブル期からその数年後がピーク、それから徐々に経営が悪化し今に至る」という状況にあります。そしてどうしても立ち行かなくなってから助けを求めるに至ります。結果だけを見ると「なぜもっと早く手を打たなかったんだ」と思いますが、実際には売上が悪化しているときは「今年はたまたまこう、来年は元に戻るもの」と根拠もなく思ってしまうものです。私の会社員時代ですらそうでした。

当時、私が関わっていたブランドは絶好調で、私が入社するまで毎年2桁成長が続いていました。ところが私が入社した年をピークに、徐々に売上の成長幅が小さくなります。そしていつの間にか売上が前年比マイナスになってしまいました。ところがこの間、ほとんどの人がさほど深刻に思っていませんでした。2桁成長がストップしても「今年はたまたま、次の年はまた2桁成長になるだろう」、売上がマイナスになっても「今はたまたま、次の年はプラスになるだろう」と根拠もなく思い込んでいました。そしていつの間にかずるずると売上が低下し、気づいた時には最盛期から2割も減少している、という状態に陥ってしまいました。

もしこれがある年に突然売上が3割減になれば「これは大変だ」と手を打ったかもしれません。しかし売上の減少がじわじわと小幅に続くと「これはたまたま、そのうち回復する」と思ってしまうものです。企業は売上のピークを基準にしてそれが「普通」であり、今はちょっとそれよりは調子が悪いだけ、すぐに回復するはず、と考えてしまう傾向があります。これは大企業でも中小企業でも変わりなく、だからこそF社のように気づいたら手遅れに近い、という状況にまで追い込まれるのです。

その案件ではF社自身がコンサルティングを申し込んだわけではなく、コンサルタントである私が、ある機関から「送り込まれる」という関係でした。そのため社長がコンサルティングにあまり乗り気ではなく、非常に苦労しました。アポを取ろうとしても「その時間は忙しい！　駄目だ！」とけんもほろろに断られることも多く、こちらが聞いてものらりくらりとしていて、いわゆる「職人気質」の頑固なタイプでした。私も中小企業診断士としての経験が浅く、それまでの会社員時代ではそういったタイプの方と商談や取引をしたことがなかったため、正直なところ「やりづらいな……」と感じていました。

F社の聞き取りや診断を進めれば進めるほど、F社が苦境に立たされていることがわかりました。現在取引がある3社とは年々取引量も単価も減少しています。今後、その3社との取引量や単価が上昇するとも思えず、業界の状況を鑑《かんが》みると新規に取引先を開拓するのも困難です。また、売上増のために高付加価値の他の分野に進出することができればよいのですが、それも非現実的です。そのための人材、資金、時間、設備など、何もかもが不足しています。調査や聞き取りを進めれば進めるほど、打てる手が限られていることがわかりました。「廃業」も検討しましたが、親戚の家まで銀行の担保に入っているなど、潰すにも潰せない状態だと知って愕然としました。

印刷工場というと、どういった設備を想像するでしょうか。ご存知ない方は工場に大量の機械が並び、そこを紙がガチャンガチャンと通ると本やチラシなどが印刷されて出てくる……といった姿をイメージするかもしれません。もちろん印刷工場といっても多様なので一口には言えませんが、中小の印刷業の工場はもっと地味です。巨大な印刷機がドンと数台あり、それをいわゆる「職人技」で操作や調整を行います。微妙な色などは、ボタンやコンピューターで自動的に制御されるわけではなく、職人の勘や経験で微調整がなされているのです。だから印刷業というとひたすら印刷機を回して……というイメージかもしれませんが、実は職人の技が必要とされる要素が多いのです。

F社も郊外の決して綺麗とはいえない工場に、巨大なドイツ製の印刷機を2台置いて操業していました。その他にはピンクのカバーがかかった故障した印刷機が隅に1台あるだけです。起動させている2台ともかなり古く、減価償却も終わり、メンテナンスしながら維持している状態でした。それを社長や息子、そして古株の社員数名が回しています。息子さんは夜の勤務のため、結局最後まで会えませんでした。社長は職人気質のため、必死で印刷機を回し続けています。2台の印刷機が共鳴する中、社長は静かに青いインクを補充していたのを記憶しています。夏の暑い盛りでしたが、仕事が終わらないのか、それとも人件費を浮かすためなのか、徹夜で印刷機を回して工場で仮眠を取り、すぐにまた仕事にとりかかる、という日々が続いていました。その背中には悲壮感が漂っているように感じられました。勝手な想像ですが、寝ずに機械を回すことで、目の前の苦境について考えないようにしていたのかもしれません。

このような状況だったので、経営の助言もかなり限られました。財務状態を立て直すための経費の見直しや生産計画の管理、さらに事業承継を視野に入れた子息の同業者ネットワークの形成などです。私はそれらをまとめ、経営が非常に苦しい状態である実情とあわせて社長と夫人に提案しました。提案を受けた社長は腕を組み、しばらく目を閉じてからポツリとこうつぶやきました。

「最初、どこまでやってくれるのかわからなかった。あなたに何がわかるんだ、と思っていた。だけどあなたはウチの会社のことを真剣に考えてくれていた。厳しい内容もあったが、それは事実で、目をそらしちゃいけない。こんなにいい提案をしてくれるとは思わなかった。ありがとう」

提案と私の「思い」がきちんと伝わったとわかり、ほっとすると同時に、どうかこの先のご夫婦に幸あれ、と思わずにはいられませんでした。全力を尽くせば、その巧拙は別としても、思いは伝わるものです。現在、印刷業に限らず、多くの中小製造業が苦境に立たされています。その中には同社のように「どうしてもっと早く手を打たなかったのか」と思うことも少なくありません。そんな状況でも、F社のように私のお手伝いが少しでも役に立てたらと思います。

ケース7：自信のない新人と話せないベテラン　～若手講師だからできること～

「SWOT分析」をご存知でしょうか。SWOT分析とはコンサルティングの一つの手法、考え方です。具体的には当該企業についての「強み」と「弱み」、その企業を取り巻く環境についての「機会」と「脅威」を抽出・分類することで、現状を分析する手法です。その強み・弱み・機会・脅威の英単語の頭文字をとってSWOT分析といいます。このSWOT分析で大事なのは分類することではなく、いかに現状の弱み・脅威といったマイナスの要素を強み・機会というプラスの要素に転化するか、ということです。たとえば企業の「規模が小さい」ことそれ自体は弱みと考えがちです。しかし「大企業よりもスピーディーに行動できる」と捉えれば、規模が小さいことが反対に強みになります。

私は現在30代半ばです。仕事で初めて会う人、特にお取引をするかもしれない人にはこんなふうに自己紹介をします。

「若いので、他のコンサルタントよりも経験の数は少ないかもしれません。しかし新入社員などの若い世代に近いため、その世代の実情や気持ちが他の方よりもわかっています。そのためより適切な指導をすることができますし、管理職との橋渡しになることもできます」

私の場合、「若いこと」「経験が少ないこと」はコンサルタントとしては一般的に弱みとなります。しかしそれも裏を返せば「若いからこそ、若い社員の気持ちがわかる」「経験が少ないからこそ、昔の経験に頼ることなく貪欲に学び続けている」などと言うことができ、むしろ年配のコンサルタントに対する「強み」になります。実際、こうして若手向けの研修を受注することもありました。

その一方、たまたま私の提案したテーマが合致して50歳前後の方の研修を受注することもありました。それぞれのエピソードを紹介します。

私が受注した若手向け研修は、さまざまな会社から入社半年~3年程度の社員が参加しました。ちょうど入社前の仕事のイメージと現実のギャップに悩み始める頃です。実際、新入社員の3割は3年以内に辞めると言われています（余談ですが、この数値から「最近の若者はすぐ辞める」などと言われますが、離職率そのものは数十年前から大きく変化していません）。そこで、結局は目の前の仕事に努力することが最善であること、無駄な仕事はないことなどのテーマについて、途中にブレインストーミングなどのワークや話し合いも交えながら考えてもらいました。

研修終了後、一人の受講生が研修機関の営業担当者と何やら話しています。その営業担当者から

「幸本先生、彼の悩みを聞いてやってくれませんか」と頼まれました。彼の悩みはおおよそ次のとおりです。

「作業が遅く、通常の時間の2、3倍かかっていると言われる。思うようにいかず、上司からはいつも怒鳴られている。自分の得意な分野と違う、不得手な業務に配属されてしまった。研修を受けて、目の前の仕事を頑張ることが大事だとか、新人のうちは失敗してもいいなどと言われたが、実はあまり納得はできていない」

確かに受講中、あまり表情が明るくないな、とは思っていました。研修機関の人と一緒に悩みを聞くとにかく自分に自信がないのです。あれもできない、これもできない、自分はこれがダメ、というばかりで非常に後ろ向きになっています。上司に罵倒され、完全に自信を喪失しているようでした。新入社員は自分が入った会社や上司しか知らないため、出会った最初の上司に罵倒されると、本当に「自分が悪いんだ」とばかり思い込み、自分を責めてしまいがちです。

ここまでひどくはなくても、今の新入社員の世代は本当に自信がありません。むしろ若者は根拠のない自信があって生意気なくらいがちょうどいいとすら思うのですが、良く言えば謙虚、悪く言えば失敗を恐れて常にビクビクしているように感じられます。これは現在の経済状態や就職活動の過程も関係していると思われます。好景気を知らず、厳しい就職戦線の中で「あなたは何ができるのか」「会社にどう貢献できているのか」ということを、今の新入社員は常に問われ続けます。そのため「今の自分は何もできない」という自信のなさにつながっていくのです。普通は新入社員ならば何もできなくても当たり前なのですが、自分自身に求めるレベルが高すぎるように感じます。実際に入社1年目なのに「私はこの会社に貢献できていません、迷惑をかけているから辞めます」と言ってきた、というケースも聞いたことがあります。

この相談には正直なところ困ってしまいましたが、もしこれが60代のベテラン講師だったらそのような相談はできなかったのではないでしょうか。仮に出来たとしてもあまりにも年齢が離れ過ぎているため、「何言ってるんだ、若いんだからまだまだこれからだよ！　頑張りなさい！」で終わっていたかもしれません。このように少し年上の先輩として相談を受けられるのは年齢が若いメリットです。結局彼には「入社後にできるようになったこと」を些細なことでも思い出してもらい、そんなところが成長しているじゃないか！　と励ましました。彼はできるようになったことをいくつも思い出すと、少し自信を取り戻したようでした。

一方、50歳前後の方の研修を受け持ったときはまた別の苦労がありました。ある企業の広島県内の店長が12名集まって受講する研修があり、その一部を私が担当することになりました。受講者はすべて男性で、年齢は45～55歳、平均50歳くらいです。テーマは「アサーティブネス」です。これは簡単に言うとコミュニケーションの一種で、「言いたいことを言えずに我慢する」のでも「自分の主張を押し通す」のでもなく、「きちんと自分の意見を言って相手の意見も聞く、お互いに気持ちのよいコミュニケーションをしよう」という内容です。

この研修を3時間行なったのですが、まず受講者の反応がありません。私が何か言っても、ただじっと聞いています。うなずくでも首を傾げるでもなく、ただひたすら無反応です。誰でも答えやすい身近なことに関して問いかけても反応がありません。研修の冒頭で積極性が大事であること、正解はないことなどを伝えてはいたのですが、まだ場が暖まっていないと感じ、ワークにとりかかることにしました。４人ずつ3グループに分かれ、まずは身近な話題として「コミュニケーションについて思い浮かぶこと、あるいは困っていることや苦手なことを話し合ってみてください」というテーマを設定しました。自由に「やっぱり酒の席が大事だよね」「部下となかなか話が通じないんだよ」など、思ったことを何でもいいので言ってもらうのが狙いでした。

ところがこの「何でもいい」のがかえって慣れていないようでした。あるグループは全員がじっと黙っています。通常は自主性に任せて口出しはしないのですが、序盤からあまりにも無言なので、どうかしましたか、何でも語っていいんですよ、と話し合いを促しました。すると「コミュニケーションといってもその定義はさまざまですからね……人それぞれですよね……」とボソッとつぶやいてまた黙ってしまいました。私としては「さまざまだ、人それぞれだ」と思うのなら、それを話題にして会話の取っ掛かりにしてほしかったのです。「私としてはこう思うのだけど……」と。ところが「人それぞれだから話し合いをしても意味がない」と言わんばかりにそのまま黙ってしまうのでした。

また、他のグループでは自由に話し合いを、と言っているにも関わらず、「では書記を決めましょう」と〝会議〟モードになってしまっていました。50歳前後となり、会社である程度の地位になると、すべての話し合いが〝会議〟になってしまい、「結論や正解がないことについて自由に話す」ということそのものができなくなってしまうようでした。「お互い自由に話して考えを深める」ための場ですから自由に話せばいいのに、「定義が……」「役割分担が……」ととにかく「話さない言い訳」を探しているようでした。

そんなふうに苦労していましたが、研修に穴埋め式のワークがあると、それには全員集中して取り組んでいました。テストのように「答えのあるもの」はみなさん得意で好きなようです。受講者は事前に「話法を学びます」と言われていたようで、そのためどのような言い方や表現をすればいいか、ということを学べばいいと思っていたのかもしれません。それが突然「自由に話し合ってください」と言われて「何か教えてくれるんじゃなかったのか」と思ってしまった可能性もあります。

受講者の中に「答えのない話が苦手」とおっしゃる方がいました。本来、支店長という立場であれば、雑談なども含めて部下とコミュニケーションを取る必要があるはずです。それがみなさん、アサーティブネスという概念以前に、一般的な部下とのコミュニケーションそのものが苦手なようでした。「今はセクハラやパワハラがうるさい。こちらはそんなつもりがなくても、そう解釈されてしまうことがある。だから若い人、特に女性とは話せない」とおっしゃる方もいました。

これも私がベテランのコミュニケーション講座の講師であれば、みなさんこれが正しいコミュニケーションのやり方です！　と「あるべき論」を押し付けてしまっていたかもしれません。しかし私はコミュニケーションの学位があるわけではないですし、年齢も受講者の部下にあてはまる世代です。だからこそ、「わかります、私も〇〇が苦手なんです。うまくいかないですよね」「それに関して部下の方は××と思っているかもしれませんね」などと素直に言うことができます。教えるというよりも「共感」するスタイルです。このような研修のスタイルも、私が「若く」「経験が浅い」からこそできる「強み」だと考えています。

このように強みと弱みは裏表です。もしあなたが独立したら、自分の弱みばかり感じて「あれもできない、これもできない」と思い悩むことがあるかもしれません。しかしそれこそ実は裏返しの「強み」かもしれません。「若い」「経験が浅い」も時には武器になります。自分の強みを探すだけでなく、弱みを逆手に取って強みにしてしまう貪欲さも大切です。

ケース8：「紹介」のワナ　～紹介する側にもリスクがある～

独立して活動している中小企業診断士は、その言動のすべてを自分の責任として対処し、自分で考えて判断しなければなりません。思わぬトラブルや厄介事に巻き込まれても、基本は自分で決断し、対処することが求められます。

中小企業診断士の仕事で「紹介」が重要であることは別章ですでにお話ししました。もしあなたが独立する、あるいはこれから独立しようとするのならば、「誰か仕事やお客さんを紹介してくれないかなあ」と思うのではないでしょうか。私もそうでした。それでは「紹介する側」のメリットやデメリットは考えたことがあるでしょうか。紹介する側にとって、紹介はリスクがある行為です。「仲介」や「エージェント」となるならば、その分の仲介料、手数料を取ることも可能でしょう。しかし紹介の場合、リスクだけを背負うことになりがちです。紹介に関する、ある私のエピソードを紹介します。

私は当時、ビジネス研修などを提供するG社とお付き合いがありました。そこでG社からあるプロジェクトの一部を請け負っていました。そのプロジェクトに関連し、G社から「ビジネスマナーの研修を受託したのだが、急遽講師の都合がつかなくなった。誰か紹介してくれないか」と依頼を受けました。ビジネススキル系なら私が行うことも可能ですが、ビジネスマナーとなると門外漢です。また、私が新しい講師を探す義務はないとはいえ、私が関わっていたプロジェクトでもあるため、私が一肌脱いで講師を探そう、と思い立ちました。

とはいえビジネスマナー系の講師の知り合いは少なく、思い浮かんだ唯一の講師が女性のHさんでした。といってもそのHさんとはある会合で名刺交換をして二言《ふたこと》三言《みこと》会話しただけで、特に深い知り合いではありません。とはいえ何となく信用できそうですし、今回の見返りとして反対にHさんが私に仕事を紹介してくれるかも、という打算もあり、Hさんに本件を紹介することにしました。

Hさんに電話をし、概要を説明すると、理解して引き受けてくださいました。私はああよかった、これでG社に顔が立つし、Hさんにも仕事を紹介してあげたということでいい顔ができるかも、と鼻を高くしていました。しかしこれがトラブルの発端でした。

ある日、G社からの契約書が届いたHさんから電話がありました。

「幸本先生、私は幸本先生から仕事の発注を受けるものだと思っていました。そうではなく、私はG社と契約するんですか？　そんなの聞いていませんよ！　話が違うじゃないですか！」

契約の流れとしてはG社からHさんへの業務の発注となり、私は紹介しただけで、契約者としては関わりません。私はそのように説明したつもりでした。しかし、もしかしたら私はHさんに「G社に関する業務をお願いしたい」と言っただけで、Hさんとしては私からの直接の発注だと解釈されたのかもしれません。とはいえそこは電話での話であり、文書に残したわけではありませんし、どちらの言い分が正しいかは水掛け論です。それに私は内心「契約がG社とであっても私とであってもやることは変わらないじゃないか、どちらでもいいじゃないか」くらいにしか考えていませんでした。ところがHさんはこう続けました。

「私は昔、G社の別の支社で嫌な思いをしたことがあって、それ以来G社の仕事は受けないと決めていたんです！　今回は幸本先生の発注だからG社がらみのお仕事でもいいと思ったんですが、そうでないならやりたくありません！」

これを聞いて私は困ってしまいました。G社とはすでにHさんが担当することで話を進めてしまいましたし、今から別の担当者を探すことはできません。Hさんを何とかなだめ、言葉足らずで申し訳なかったこと、資料の受け渡しや連絡などは私が間に入ってやり取りするのでHさんがG社と関わらなくてもいいようにすることなどで何とか納得してもらいました。

ところがトラブルはこれで終わりません。当初、私はこれくらいの予算で、とHさんに報酬額をお伝えしていました。ところがその解釈にも違いがあったようで、いざ最終の契約書を見てから「通常の私の研修からは大幅に少ない、これでは受けられない」とクレームをつけて来ました。こちらの弱みにつけこんだのか、それとも本当に意見の食い違いだったのか、それはわかりません。それについても私がG社とHさんの間に入って粘り強く交渉し、なんとか講師報酬に「資料代」を追加することで決着し、合意しました。ところがそれだけではなく、契約書の文言の、資料の著作権の扱いにまでクレームが及びました。私としては妥当な内容の契約書だと思っていましたが、Hさんは頑なにゆずりません。しかもその契約書はG社の本社で管理・統括しているため、契約書の文言一つを変えるのも、G社の本社法務部⇕G社の広島支社担当者⇕私⇕Hさん、とさまざまな人間が入り込んで伝言リレーになり、双方が完全に合意するまで相当な時間とエネルギーを使いました。さらにこれだけでは終わりません。Hさんには「ビジネスマナー関連でお願いします、でも先方の企業の希望があればそこから少しくらいはズレてもいいですよ」と依頼していました。するとHさんは研修先の企業との打ち合わせにてビジネスマナーとまったく異なる、ロジカルシンキング系の研修を実施することを決定されていたのです。こうなるとG社の事業の方向性としても変わってくるので、再び私が間に入り、両者にとって納得のいく落とし所を探すことになりました。私は内心「マジですか……」と思うような事態ばかりが続き、一連の仲介作業でへとへとになってしまいました。

この仲介が私の業務であったり、仲介料を取っていたりするのならばまだわかります。しかしこれ自体で得られる私のメリットは何もありません。当初は「仕事を紹介すればG社にもHさんにも喜ばれる、いい顔ができる」という程度の思いでこの仲介を引き受けました。ところがG社からすれば「面倒な人を紹介された」、Hさんからすれば「G社との仕事はやりたくなかった」と、両者から恨みを買った恐れすらあります。よかれと思ってやったことが、タダ働きどころか、苦労した上に自分にとってもマイナスになってしまっていたのです。

このように、紹介するというのはそれなりのリスクを取る行為です。もしも紹介した相手に何か問題があれば、それは紹介したあなた自身の責任問題となりかねません。「私は紹介しただけです、契約書を結んだのはあなたです」というわけにはいきません。確かに法的な責任はないかもしれませんが、あの人のせいでひどい目にあった、という記憶だけが残るでしょう。

さて、改めてあなたは「仕事を紹介してほしい」と思っているかもしれません。しかし、紹介をする側はこれだけのリスクを背負っている、ということがわかっていただけたでしょうか。私を紹介する人は、それだけのリスクを背負い、私を信頼した上で私を紹介してくれるのです。紹介をすることで下手をすれば労力ばかり使い、自分の評判をも落としかねないにもかかわらずです。それを裏切ったり、恥をかかせたりすれば、それは自分にも跳ね返ってきます。また、不祥事などでないにしても、私の出す成果が思うほどでなかった場合は「あなたの紹介してくれた幸本さんはイマイチだったよ」と、やはりその紹介してくださった方の信用問題になりかねません。

冒頭の「仕事を紹介してほしい」という気持ちは確かにわかります。それに対してあなたは、紹介者にそれだけのリスクを負わせても問題ない、と胸を張って断言できるでしょうか。紹介された仕事に自分自身の問題で何かあったとき、その紹介してくださった方に義理を欠かずに誠意を持って対応できるでしょうか。個人で仕事をしていると、信頼関係がその基盤になります。あなたは紹介をする側に、自分はきっちり与えられた仕事をやり遂げるという保証をし元通り信頼関係を構築しない限り、誰もあなたに仕事を紹介しないでしょう。

この件以来、私は自分が紹介を受けるときは非常に慎重になりました。能力や知識の不足については個人差もあり、やむを得ない面もあります。しかし真摯さや誠実さに欠けていたら、どんなに能力があっても仕事を頼まれることはありません。紹介と一口に言ってもこれだけ双方にリスクがあるということを忘れずにいてください。紹介がほしいと切望する前に、自分が保証に値する人物なのか、それだけ信頼されているのか、ということを振り返る必要があります。

第五章
中小企業診断士Q&A

本章では、中小企業診断士、特にその独立開業に関してよく聞かれる悩みや相談についてお答えします。これらを参考に、私のしてきた失敗を避けて一歩でも早くあなたの事業を軌道に乗せることができればと願っています。

ただし、いずれも私の経験に基づいた私なりの一つの見解にすぎません。私自身が試行錯誤している途中でもありますし、このように行動すればうまくいくということはありません。もちろん中小企業診断士としての基本的な行動指針というわけでもありません。あくまでも個人の経験に基づく意見であることに留意し、ご自身の取り組みの参考にしてください。（そもそもこのような他者の経験を鵜呑みにして「そうか、こうすればいいのか」と早合点する人は独立開業には向いていません！）

Q. 最初は実績を積むために安くても仕事を引き受けるべきでしょうか？

独立したてで実績がありません。提案や営業をしても「これまでの実績は？」と問われて悔しい思いをしています。先日、幸運にも私に仕事を依頼したいと言ってくださる人がいました。ところが「あなたの実績になるのだから安くてもやってほしい」という理由で非常に低い報酬を提示されました。カチンと来た反面、実績がほしいのも事実ですし、暇を持て余しているよりは安くても引き受けたほうがいいかなとも思います。

A．私も最初に悩んだのが「実績がないこと」でした。初対面の人からは「これまでどんなことをされてきましたか？　似たような実績はありますか？」と聞かれます。もちろん相手に悪気はありません。あなたも逆の立場であれば同じことを聞くはずです。人は「今」や「未来」ではなく、「過去」で物事を判断するからです。

では、実績がない→実績がないことを理由に断られる→実績が積めない、という負のループを抜け出すにはどうすればいいのでしょうか。一般的には「小さいことから始めましょう」「チャンスを逃さずに」などとアドバイスされることが多いようです。しかし当人からすれば「その小さいことやチャンス自体がないんだよ」と言いたくなってしまうものです。実際、私がそうでしたから。

そこで私が心がけて結果的にうまくいったのは「実績がないなら勝手にやってしまう」「実績がなくても他のことと結びつける」の2点です。

あなたがセミナーを依頼する立場だったら、セミナー講師をまったくやったことがない人に頼むのは躊躇するはずです。できればセミナーの経験、それも似たような分野での経験がある人に頼みたくなるものです。ですからそのようなセミナーを誰にも頼まれなくても勝手に「やってしまう」のです。二章で独自にセミナーを開いたもののまったく受講者が集まらず大失敗したと述べました。しかし「なんちゃってセミナー」になってしまって大失敗であろうと何であろうと「セミナーの講師を務めた」ことは事実です。これでセミナー講師を務めた、という実績が加わります。次からは経験を聞かれたときに「私はセミナー講師の経験があります」と胸を張って言えばいいのです。参加人数などを聞かれたら、「20人よりは少ないですね」などと濁しておけばよいでしょう。（もちろん相手に対して誠実さのない嘘はいけませんが、この程度ならば「創業当初の健全なハッタリ」になると私は判断していました。）

また、あなたがマーケティングのコンサルティングを頼まれたとしましょう。その際、依頼にはなくてもおまけで人事のコンサルティングもしてあげるのです。そうすると「人事コンサルティングの経験あり」と言えますし、具体例を聞かれたらそのときにしてあげたことを言えばいいのです。

もう一つは、ウソでない範囲で経験同士を結びつける、ということです。たとえば「ロジカルシンキングの研修をしたことがありますか」と聞かれたとします。あなたはロジカルシンキングの研修をしたことがありません。もしも「ない」と答えればチャンスを失うかもしれません。かといって「ある」と言ってウソをついたら、具体例を突っ込まれてボロが出てしまいます。どうすればいいのでしょうか。

そんなときは別の経験をロジカルシンキングと結びつけるのです。あなたはコミュニケーションの研修をしたことがあるとします。その内容で「自分の言うべきことを整理して、相手にわかりやすく伝える」という項目がありました。物事を整理する、わかりやすくする、という内容はロジカルシンキングにも通じるテーマです。そこで「ロジカルシンキングというタイトルの研修ではありませんが、似たようなテーマで、物事を整理してわかりやすく伝えるにはどうすればよいか、という内容の研修ならありますね。たとえば……」と答えるのです。そうすればその内容が大外れでもない限り「では1日のプログラムとしてまとめてくれますか」と依頼されるはずです（もしくは自分から、詳しくは企画書にしてまとめましょうか、と提案しましょう）。相手は厳密な経験の有無ではなく、あなたがそれに対応できそうかどうかを知りたいだけで、そのわかりやすいきっかけとして「経験」を聞いているのです。もちろん嘘はいけませんが、「厳密には違うかもしれませんが、似たような経験ならあります」と似た経験を引っ張り出せばよいのです。

そのためにはやはり「自分で勝手にやってしまう」ことが大事だとわかっていただけると思います。勝手にやってしまうことで経験を増やすのです。また、私は定期的に取引先の発言や社会の動向などに留意して新しい「引出し」を増やすようにしています。

たとえば最近であれば「20代の社員の文章を書く力が低下している」という声をよく耳にします。メールなどで文章を書く機会は増えているはずですが、仕事ではそれが反映されていないのです。また、以前よりも「見える化」などの目的で文書を作る機会が増えていて、相対的にその粗《あら》が目立ちやすくなったという要因も考えられます。そのため私は、特に要請がなくても「若手社員が文章力をアップさせる研修」の概要を考えておいて、要請があればすぐに提出できるようにしておきました。その結果、想定とは異なる「中堅社員に」「文章だけでなく話す力も」という依頼が来た場合も、その元の研修案をアレンジしてすぐに提案でき、それが実際に受注につながりました。

実績がないなら実績を勝手に作る、他の実績と結びつける。そしていつ依頼があってもいいように間口を広げて準備しておく。以上が実績「負のスパイラル」にならないために今から誰でも可能なことです。

Q. ソーシャルメディアやブログ、ウェブサイトで集客すべきでしょうか?

独立したのですが、取引先が増えなくて困っています。最近はフェイスブックやツイッターといったソーシャルメディアやブログ、ウェブサイトなどで顧客を集める人が多いようです。ところが私もそうしたソーシャルメディアなどでセルフブランディングをしているのですがまったく手応えが感じられません。どうやったら集客につながるのでしょうか。

A. このような考えを持つ人は多いはずです。私も少なからずそうでした。では、あなたに質問です。あなたがそうした「ウェブでよく見かける評判の人」に発注先として自分の案件の仕事を依頼したことがあるでしょうか。おそらくないはずです。仮にあったとしても、ウェブ以外でも実績や本業があり、そこに着目して仕事を依頼するはずです。

コンサルタントの仕事は形がありません。だからこそ依頼する側も事前にどんなものか知ることはできません。食べ物だったら試食する、車だったら試乗する、ということができますが、コンサルタントの知的サービスはそうもいきません。

だからこそコンサルタントを選定する場合、「その人が信頼できそうか」、さらには「変な人ではないか」「お金を持って逃げないか」から始まります。また依頼する側としては、コンサルタントとの相性も重要です。コンサルティングはマンツーマンのサービスです。いかに有能で実績があっても、それだけでは選ばれるコンサルタントにはなれません。理屈ではない人間的な好き嫌いや相性、誠実さや実直さなども重要なポイントです。

それらを総括すると、コンサルタントの仕事は紹介で決めることが多いようです。あるいは大手コンサル会社に依頼して派遣してもらうというパターンもあります。大手コンサル会社所属ならば必要な能力はあるだろうし、万が一不適切だったら別の人と替えてもらえばいい、と考えるからです。コンサルタントを探すためにまずはネットで検索しよう、と考える人はいませんし、ソーシャルメディアやブログを駆使してページビューを増やして「俺はここにいるぜ！」と精一杯アピールしても、「その人にコンサルティングを頼みたいか」はまったく別の問題です。

本当に忙しいコンサルタントはブログをしょっちゅう書けませんし（執筆を主要業務にしている人は別です）、ウェブサイトすら持っていない人も多いようです。それでも信頼されている取引先からどんどん仕事は来ますし、むしろ断るほうが多い状況です。私も忙しくなると、ブログは業務の合間の移動中に書いたりすることが増えました。また、2週間に1回出しているメルマガも実は負担なのですが、定期的に文章を書くことで頭が整理されてコンサルティングに生かされることも多いため、忙しくても無理やり時間を使って書いています。個人で楽しむため、あるいはウェブの専門コンサルタントを目指す人などは別として、ソーシャルメディアに入れ込んでも仕事にはつながらないものです。

さらに質問に出てきた「セルフブランディング」も危険なワードです。ブランドはその人が仕事をしてきた「結果」を周りの人が判断することであり、自分で演出するものではありません。一流の人は結果を残すからこそ、その人がブランドとして認識されます。実力も実績もない人がSNSで格好だけつけてもブランドにはなりません。また、ウェブ上では嘘もいくらでも言えてしまいます。コンサルタントは自分という生身の人が売り物である以上、自分自身が変わらないのに、ウェブを使って自分を実力以上に見せることは不可能です。自分のブランドとは、自分が仕事をしてきた結果であり、あくまでも他者が評価するものだ、と私は考えています。

Q．プレゼンテーションが苦手なのですが、どうすればいいのでしょうか？
　私は人前で話すことが苦手です。中小企業診断士は研修やセミナー、コンサルティングなど、人前で話をする機会が多いと思います。そのため、独立してもうまく話ができないのではないかと不安です。また、プレゼンテーションも苦手で緊張してしまいます。

A. おそらく多くの人がプレゼンテーションというと故スティーブ・ジョブズ氏が行なっていたようなスタイルを連想し、あの方法が理想形だと思っているのではないでしょうか。確かに一時期「ジョブズのプレゼンを学ぶ」といった本が大量に出版されましたし、プレゼンテーションの究極の理想形であると言われることもあります。

しかし、私もプレゼンテーションをする機会は多くあるものの、ジョブズのプレゼンをかじったことすらありません。それはなぜかといえば、プレゼンの中身も対象者も大きく異なるからです。全世界のメディアや消費者に向けたプレゼンと、20人のセミナー受講者に向けたプレゼンが同じでよいはずがありません。もちろんジョブズ氏のプレゼンには学ぶところが多いのでしょうが、世の中のありとあらゆるプレゼンの理想形としてしまうのは少し乱暴な気がします。

人前で話すことやプレゼンテーションは、その場やその対象者に合ったやり方があります。この質問をされた方も、苦手意識を持ちすぎず、相手にきちんと伝わることを念頭に置けばよいのです。たとえば人前で話すことが苦手であれば、文章や図など、他の要素でカバーすればよいのです。特にセミナーなどは、その是非は別として、資料の文章が多ければ多いほど好まれる傾向があるように思います。一般的にはプレゼンテーションには「10／20／30ルール」と呼ばれるセオリーがあります。これは「スライドは10枚以内、時間は20分以内、文字サイズは30ポイント以上が望ましい」と言われるルールで、たくさんの文章を書くと逆効果であることを表しています。確かに大企業による画期的な新商品のプレゼンテーションだったらこれでもいいでしょう。

しかし商工会議所のセミナーをこのスタイルで行うと、おそらく受講者は「今、講師が話していることはどのページに書いてあるのだろう？」と資料を探し続けることでしょう。特にセミナーでは、資料は「おみやげ」という意味合いもあります。そのため極端な例ですが資料が多ければ多いほど喜ばれる、と言ってもいいくらいです。さらにその資料には図表や写真、動画といった視覚的な要素も多く盛り込みます。最終的には聞き手や顧客が満足すればよいのです。もちろん話やプレゼンがうまくなるに越したことはありませんが、自分の他の強みをそれ以上に発揮すればよいのではないでしょうか。

Q．商工会議所など、公的機関でセミナーをしたいのですがどうすればできるのでしょうか？

よく商工会議所などの公的機関でセミナーが行われています。私もそのようなセミナーの講師になってステップアップしたいと考えています。どうやったら講師になれるのでしょうか？

A．私も最初は商工会議所の講師をしてみたいと思っていました。講師としての報酬を期待して、ということではなく、「商工会議所の講師を務めれば、一人前の講師として箔《はく》がつくのではないか。その結果、他の機関からも講師として呼ばれたり、受講者から相談を持ちかけられたりして、仕事がどんどん来るんじゃないか」と期待していました。

実際に私が商工会議所の講師を務めた経緯などは、第二章に書きましたのでそちらをお読みください。結論から言うと、商工会議所の講師を務めたからといって、それ以降は引っ張りだこの人気講師になるとか、コンサルティングの依頼が次々に来るとか、そういったことはありません。商談などで「先日○○商工会議所でこんなセミナーをやりましてね」という雑談の取っ掛かりになる程度です。私の仕事が増えたり、信頼度が抜群に高まったりなどということもありません。多くの人が思うほど「商工会議所の講師です」という威光はないものです。

しかも現実問題として、案件や実施機関などによるものの、商工会議所などの公的機関の報酬はあまり高くないのが一般的です。おそらく「安くてもぜひやりたい」という人が多いからでしょう。私も、商工会議所などのセミナーは地元への還元、あるいはその地域の実体経済を知る良い市場調査の機会、と捉えているため、よほど条件が悪くない限りは引き受けるようにしています。しかしそれも1～数カ月に1回程度だからできることで、公的機関のセミナーだけで生計を立てるのは困難でしょう。私も以前は「商工会議所の人気講師で全国を飛び回っています！」などという売り文句の人気講師を見ると、さぞかしこの人はスゴいんだろうなあ、と思っていました。しかし、今では反対に「この人はそればかりで食べていけているのかな」と思ってしまいます。

商工会議所の講師などは、あくまでも実績を積んだあとの結果であり、おまけのようなものです。「商工会議所の講師にさえなれば、その後の講師業やコンサルティング業がうまくいく」などということは決してありません。

ですから「商工会議所の講師を目指す」のは本末転倒です。自分に自信を付けたい、箔を付けたい、という気持ちもわからなくもありません。私もそうでしたから。しかし実際のところ、商工会議所の講師を務めただけで何かが突然変わるわけではありません。実際、講師の依頼を断ってクライアントの経営改善にのみ専念しているコンサルタントもいます。公的機関の講師がいろいろな意味で「おいしい」わけではありません。

Q．中小企業診断士は芸者であるべき、と言いますがそうなのでしょうか？
中小企業診断士ではないのですが、あるコンサルタントの方の講演を聞きました。その方は理論より実践だ、考えるより現場だ、という主張をしていました。自分以外のコンサルタントは実際には何もできやしないろくでもない人間だ、大したことがない、とかなり暴走していました。また、「コンサルタントは芸者であるべき」という意見もよく聞きます。コンサルタントと一口で言ってもいろいろな考えや経歴の方がいらっしゃいますが、コンサルタントとはどうあるべきなのでしょうか？

A．中小企業診断士に独占業務はほとんどありませんし、コンサルタントそれ自体は資格も不要です。だからこそ「口だけ出して責任は取らない」「自分では事業を起こしたこともないのに偉そうにアドバイスだけする」「所詮は机上の空論」などと揶揄されることも少なくありません。

さらに、質問にもあるような「コンサルタントでありながらコンサルタントを卑下する」人が多いのも事実です。私個人は「とにかく実践なんだ」というスタイルは好きではありません。もしそうならば、実践したことがない業種にはまったくアドバイスできなくなってしまいますし、実践のみするならば現場社員と役割が変わらないからです。とにかく実践、といった個人の考え方を「コンサルタントのあるべき論」として主張するのはいかがなものかと思います。もちろんコンサルタントのあり方はいろいろな考え方があるので、一律に否定するものではありません。しかし「一つの正しい経営手法」がないのと同様に、「一つの正しいコンサルタント像」もないだろう、と私は考えます。

また、「コンサルタントは芸者であるべき」という表現もよく聞きます。これはポジティブな面とネガティブな面があると思います。ポジティブな面は「コンサルタントだからといって頭でっかちで偉そうにしてはいけない、芸者が客を喜ばせるのと同様に、コンサルタントも客に満足を提供してこそだ、経営理論を振りかざすだけではダメだ」というものです。一方、ネガティブな面は「芸者はお座敷に呼ばれなければ一銭にもならないし、いざ呼ばれたら客が誰であろうと喜ばせてなんぼの世界だ。コンサルタントもお声がかかってこそなんだからお客さんにいい顔をしないと」というものでしょう。本物のプロの芸者さんには失礼な比喩ですが、どちらかというとネガティブな意味の方で使われることが多いようです。

個人的には、「コンサルタントは芸者」というのは、（本物のプロの芸者さんの仕事ぶりは別として）あまり好きな喩えではありません。お金をもらっているのだからお客さまのお望み通りにいたします、なんなりと申し付けてください、と謙遜を越えて卑下しているように聞こえてしまうのです。私はどんな商売であっても、モノやサービスを提供する人と、対価を払って受け取る人は対等な関係だと考えます。だからコンサルタントとクライアントも、対等な関係で双方が適切な緊張感を持つからこそ、より良い結果が生まれると考えます。また、実際の成果よりも、とにかく気持ち的に喜ばせて満足させることが大事、ということばかり重視すると、コンサルタントの本質から外れ、顧客対応のテクニックばかりが上達するような気がするからです。もちろん、コンサルタントは芸者、という表現には本質を突いている部分もあるものの、個人的にはあまり与《くみ》しません。

とはいえこれも私の個人的な考え方であり、「コンサルタントとはどうあるべきなのでしょうか」という問いには一つの究極的な答えは存在しないでしょう。ひたすらお金を儲けたいでも、自分の知識を磨きたいでも、クライアントに尽くしたいでも、自分が納得できればそれで良いと思います。

しかし最終的にあなたを評価し、あなたにお金を払うのはクライアントです。クライアントとどういう関係を作りたいか、そしてクライアントがあなたの成果に満足するか、があなたのあるべきコンサルタント像を決めていくように思います。理想のコンサルタント像とは、自分でこうなりたい、と決めるよりも、クライアントによって決められていくものなのかもしれません。

Q. 独立してどのように仕事を進めるか、どういった仕事の進め方が向いているのかがわからないのですが？

独立開業を考えていますが、これまで会社組織でしか働いたことがないため、独立して個人で仕事をするイメージが掴めません。個人ですべて完結するのでしょうか？　それとも他のコンサルタントと共同で仕事を進めるのでしょうか？　また、企業が一個人である私と契約を結んでくれるものなのでしょうか？　さらに、仕事の進め方のイメージもわきません。

A. 個人の中小企業診断士の仕事は大きく分けて三つのルートがあり、以下のとおりです。

（1）個人で企業や団体と直接取引・契約する

（2）企業や団体にパートナーや登録コンサルタントという形で登録して仕事を受注する
（3）横のつながりで仕事を紹介される、もしくは手伝う

中小企業診断士の仕事というとまず（1）を連想するのではないでしょうか。企業と顧問契約を結びコンサルティングを行うイメージです。商工会議所と直接やり取りをして講師を務めるケースもこれに当たります。とはいえ先ほど述べたように、前職のつながりや友人関係などは別として、独立開業したての個人がコンサルティングをいきなり頼まれるということはほとんどありません。開業してすぐはこの（1）はあまり現実的ではないでしょう。外からは見えませんが、実際に多いのは（2）です。

個人のコンサルタントの弱みは、営業ができないということです。これは二つの理由があり、一つは自分から仕事をくださいと営業をするようなコンサルタントには頼みたくないという顧客側の心理があるからです。もしあなたの勤務先に「個人でコンサルタントをしている者ですが、こんなコンサルティングができます」と営業に来たら、ほぼ間違いなく断るでしょう。医者が家の前まで来て「診察しましょうか」と言っているようなものです。もう一つは、独立開業すると（人を雇うなど組織化すれば別ですが）自分の稼働がそのまま成果となります。そのため、目の前のコンサル

ティングに取り組むのに精一杯になり、営業をする時間的な余裕を作ることが困難になるからです。いずれにせよ、個人のコンサルタントは仕事がないなら営業をすれば何とかなる、とはならないので難しいのが実情です。

したがって、コンサル会社などの企業や団体にパートナーや登録コンサルタントとして所属しているのは非常に有効です。なぜならば営業をその企業や団体が代わりに行なってくれるからです。営業ができない、という最大の弱点を所属先が補ってくれます。さらにこちらの強みを把握し、適した仕事を紹介してくれますし、条件等によっては断ることもできます。相手先企業との間に立って、細かい調整をしてくれるのも助かります。

そのかわり、その企業・団体を通して受注するため、直接の受注よりは単価は低下します。また、仕事を必ずしも紹介してくれるとは限りません。とはいえ、私は「仕事を受注した人が一番偉い」と考えています。どんなに私はこれができる、あれができる、と自慢したところで、それをお客様に提供してお金をいただかなければ、絵に描いた餅で終わるからです。そのため、最終的な手取り額さえ納得できれば、このような登録機関等は有効に活用しています。

ではどうやって登録をすればよいのでしょうか。これは自分から積極的にアプローチして構わないと思います。実際私もそれで広島を中心に何社か登録し、実際に稼働もしています。先方としても、登録するコンサルタントが増えるに越したことはないからです（もちろんあなたの能力にもよりますが）。仮にそこに断られても、自分にマイナスになるわけではありません。気になるコンサルティングや研修の会社があれば、積極的にアプローチしてみてはいかがでしょうか。

最後の（3）、横のつながりが比率的にもっとも多く、現実的なように思います。この場合の「横」とは中小企業診断士とのつながりのみならず、他の資格業、さらには個人的なネットワークにまで広がります。とはいえ横のつながりの人たちに営業をかけたらかえって警戒されてしまうでしょう。かといって何もしないでいても仕事が飛び込んでくるとは思えません。それではどうすればいいのでしょうか。それについては次の質問と合わせてお答えします。

Q．他の資格を持つ人と連携すべきでしょうか？　また、異業種交流会などに出るべきでしょうか？

中小企業診断士は独占資格ではないこともあり、他の資格保有者との連携を考えています。ただし現在は知り合いが少ないため、異業種交流会などにも参加しようと思っています。それらは仕事やネットワークにつながるでしょうか。

A．私がこれまで行なって無駄で逆効果だったのは、どんな場であれ、自分を「知ってもらおう、覚えてもらおう」とすることです。いろいろな人にメールでニュースレターを送ったり、名刺を工夫したり、さらには自分の過去の研修素材を加工して送ったりもしました。しかしいずれもうまくいきませんでした。ベストセラーになったカーネギー著『人を動かす』にもある通り、人は自分自身に一番興味があるものです。深い友人でもない私が「私はこんな人間です、こんなことができます」とアピールしてきても、面倒なだけです。人は「話したい」のであり、基本的に興味がない人の話は聞きたくありません。私が自己アピールすればするほど「面倒でうざったい奴」になっていたのです。そう考えると、異業種交流会などは基本的に「自分の話を聞いてほしい人」「チャンスをつかみとって仕事に結び付けたい人」の集まりです。「ある仕事を発注したいが、ぴったりの人に出会うために異業種交流会に出よう」と思う人は少ないはずです。他者との連携は大事ですが、そのために異業種交流会などに参加することはあまり意味がないように思います。

それではどうすればよいのでしょうか。私なりに「横のつながり」で仕事に結びついた例を思い出すと、初対面の時、「私はこれが得意でこんなことができます」というポイントを明確にしておくことが大事ではないかと思います。これは単なる自己アピールではありません。話の中で、過去は何をされていたんですか？　得意な分野は？　といった話になるはずです。そのときに仕事ほしさに「いろいろやっていました」「何でもやりますよ」と言ってしまうと印象に残りません。奇抜なキャッチフレーズを付ける必要はないので、自分の専門分野や経験のみを端的に紹介するのです。たとえば私ならば「過去は高級化粧品のマーケティングをしていました。その経験を生かし、マーケティングやブランディングが得意です。高級ブランドとはいえ実際には予算に乏しい中でやりくりすることも多かったので、お金があまりない中小企業にも応用できることは多いんですよ」といった程度です。過剰な自己アピールは必要はありません。

そして「話した感じ、この人・この企業とはつながりができそうかも」と感じたら、相手の邪魔ではない程度に「情報提供」をします。宣伝ではなく、「今度セミナーをやることになりました」「こんな資料が手に入ったのでよかったら使ってください」という内容です。これが宣伝だと「売り込みばかりする面倒な人」になってしまいますが、あくまでも情報の提供なので、相手もマイナスには思わず記憶に残るはずです。

そうこうしていると、運が良ければその人・企業が「今度マーケティングの研修をしないといけないがどうしよう、そういえば幸本さんが得意だと言っていたな」と思い出してくれます。最初にあえて売り込みをしていないからこそ、相手も打算や抵抗なく思い出してくれるのです。それに「仕事が欲しくて必死な人」にはあまり仕事を頼みたくないものです。

このように、異業種交流会などではなく、自然に横のつながりをゆるく広く保つことが大事だと思います。とはいえ多くは人の縁であり、偶然に左右される要素が多いものです。計算づくでは横のつながりが広がって仕事が増えるということはありません。逆説的ですが、「仕事を期待せずに横のつながりを作ること」が結果として横のつながり経由での仕事が増える気がします。

ただし、横のつながりで仕事をする場合、あくまでもあなたはそのクライアントの仕事を発注してくれたAさんの下につく形となります。そうするとあなたはクライアントとAさん、両方に報告し、両方を満足させる必要があるため、手間が増えたり混乱が生じたりすることは覚悟しなければなりません。気まぐれな依頼に往生してしまうこともあるでしょう。また、仮にAさんが仕事の紹介のみしたとしても、万が一何かあればAさんの顔に泥を塗ることになります。自分一人のことであれば自分がすべてかぶれば済む話です。しかしAさんに迷惑をかけたらAさんからの受注は今後なくなりますし、その噂が広がるかもしれません。紹介にせよ経由にせよ、誰かから仕事をもらうということはありがたいことではありますが、そういった手間や負担も増えるということは覚悟しておいてください。

Q．前職の経験を生かして独立すべきでしょうか？

前職はシステムエンジニアでした。そのためＩＴに強いコンサルタントとして独立しようと考えています。前職の知識や経験を生かして独立するのが妥当だと思うのですが、そうするべきでしょうか。

A．先ほど述べたように「人は過去の実績で判断する」ので、前職の知識や経験を生かして独立するのは最も確実性が高く、無難であると思います。

しかし自分の得意な分野ばかりだと、いつかは行き詰まります。というのも、常に時代は変化しさまざまな知識も増えていきます。個人で仕事をしていると、いつの間にか時代から取り残されている、となってしまう可能性も少なくありません。「ＳＥだったからＩＴに専念する」というだけでは危険かもしれません。

ここで重要なのが「Ｉ型人材」から「Ｔ型人材」になるということです。Ｉ型とはＩの字の形のように、一つの知識や能力を掘り下げた人材のことです。一方Ｔ型は、掘り下げた１本の太い穴があり、その周囲も浅くはありますが掘られています。中心となる核の専門性を持ちながら、それ以外のことも幅広く身に付ける、という意味です。たとえば私はマーケティングの知識から、接客マニュアルを作ることができます。これだけならばさほど難しいことではないかもしれません。私はさらに人事組織の経験から、接客マニュアルを組織内で浸透させ、マニュアルの理解度や達成度を測定して人事考課に活用する、といった制度を導入することができます。このようにマーケティングに周辺の能力が組み合わさると、その人ならではの強みとなっていきます。ですからＳＥとしてＩＴの専門性を高めるのはもちろん、それにプラスする部分を幅広く学んで身に付け、ＳＥとの相乗効果を発揮するとよいのではないでしょうか。

Q．独立した中小企業診断士として気をつけておくべきことは？　会社員との違いは？

現在会社員ですが、中小企業診断士として独立を考えています。会社員との違いや、独立開業ならではの気をつけるべき点などがあるでしょうか。

A．中小企業診断士として独立開業すると、会社員とは違うことに数多く直面します。わかりやすくたとえれば、マニュアル化されたファストフードのアルバイトと、一人で営業するラーメン店の店主の違いです。ファストフードであれば、自分はどんな仕事をするのかが明確ですし、そのためのマニュアルも、指導をしてくれる上司も存在します。わからないことは同僚に聞くこともできます。一方、一人で営業するラーメン店は、すべてを自分の判断と責任で行わなければなりません。ラーメンの提供だけでなく、店舗の契約、クレームの処理、仕入先へのお金の支払いなど、業務内容は非常に幅広くなります。

私も独立開業して最初のころは、ほんの些細なことでも「そうか、これからは自分でやるんだよな」と感じていました。たとえば、朝に事務所を解錠する、コーヒーの粉がなくなったら補充する、ゴミを出す、蛍光灯が切れたら替える、コピー用紙や文房具を発注する。これらは会社員時代は誰かがいつの間にかやってくれていたことでした。独立するということは、自分一人でやるにせよ、誰かを雇うにせよ、これらの責任と業務量がすべて自分に降り掛かってくるということです。絶対的なマンパワーが不足し、そのような業務と直接に関係ないことで半日使ってしまうことも珍しくありません。それらを織り込んだ上で仕事の予定を立てる必要があるくらいです。

自由は責任の裏返しである、ということは日々痛感します。誰かと会う約束がなければ、何時に仕事を開始して終わろうが、何をしても自由です。同じ3時間の作業でも、朝やっても夜やっても自由です。自由であることは非常に素晴らしいことのようですが、軌道修正してくれたりアドバイスしてくれたりする人もいない、ということでもあります。極端な話、一日中YouTubeを見ていても誰も何も言いません。したがって自分を律することができる人でないと厳しいのではないかと思います。

第六章

独立診断士と会社員の違い

本章では、中小企業診断士として独立開業して初めてわかった「会社員との違い」をご紹介します。自営業、フリーランスで働くということは、会社員として働くのとは異なった面が多々あります。もちろん事前に想像したり調べたりすることはできますが、自分がその立場になって初めてわかることも数多く存在します。この章は、特に開業を意識して中小企業診断士の資格取得を目指している人、さらにすでに中小企業診断士で、会社を辞めて独立開業を検討している人には参考になるのではないかと思います。改めて「自分は独立開業に向いているか、できそうか」についてのチェックリストや指針としてもいいでしょう。

経理処理、確定申告が必要

会社員のころは、経理の部署が年金の納付や納税などの処理をすべて行なってくれました。やることといえばせいぜい「年末調整」の紙に名前と住所を書くくらいだったのではないでしょうか。しかし独立すると、経理処理および確定申告をすべて自分でやらなければなりません。中小企業診断士であれば簿記の知識があるため、青色申告を行なうこと自体はちょっと調べれば可能かもしれません。青色申告には簡易な損益計算書と貸借対照表が必要で、手間がかかるものの、所得から65万円が控除されてお得になる制度なので、私は開業1年目から行なっています。また、中小企業診断士としてのコンサルティング業務ならば「在庫」や「仕入れ」がないので、経理処理の難易度自体はさほど高くないかもしれません。

しかし、その「手間」は恐ろしくかかります。私の場合、毎月の経費の入力をさぼりがちだったこともありますが、確定申告のために週末2日間をほぼ全部費やしています。もしかしたらそれで終わればまだいい方かもしれません。経費となるレシートの入力、売上の整理、売上調書や年金の支払証明などの添付、それら数値を申告書に転記、計算、納税額または還付金の算出……と膨大な作業が待っています。しかもそれら確定申告の業務には、ただ大変であるという以上に二つのポイントがあります。

一つは、一般的に業務が忙しい1〜3月に確定申告とその準備を行なう必要がある、ということです。4月の新年度に向けて、新入社員研修や各種プログラム、コンサルティングの導入などを検討する企業が多くあります。1〜3月はそのための打ち合わせ、資料作り、プログラム策定などに忙殺され、猫の手も借りたい時期です。しかもただ忙しいだけではなく、その提案の出来によって

4月以降の受注にも関わるため、非常にプレッシャーもかかります。それにもかかわらず確定申告と時期が重なるため、平日は膨大な業務を進め、休日出勤して確定申告をこなす、とならざるを得ません。

もう一つは、経理処理や確定申告そのものは売上にも利益にもならないということです。この点は他の事項とも共通ですが、会社員とは受け止め方が大きく異なる点のように思います。自営業は、働いた時間と収入が必ずしもリンクしません。何日もかけて準備したにもかかわらず案件自体がなくなったり、あるいは突然飛び込んできた数時間の業務が割の良い仕事になったり、とさまざまです。

すると自然に費用対効果ならぬ「作業対報酬」を気にするようになります。もちろん金額の多寡だけで仕事内容を決めるわけではありませんが、「この業務は売上につながるか」「ムダな働きをしていないか」を常に意識するようになります。作業がすべてそのまま収入につながるとは限らないからです。

その点、経理処理や確定申告は、それ自体は何ら売上を産まない行為です（もちろん還付金が戻ってくることはありますが、それはあくまでも払い過ぎた税金が返ってくるだけで、売上や利益ではありません）。するとどうしても直接売上や利益につながる業務――提案書を作成するとか、コンサルティング内容を考えるとか――を優先しがちです。なかなか確定申告をやる気も起こらず、1〜3月の心理的な負担として大きくのしかかります。

もちろん、税理士を雇ってお願いするという方法もあります。しかし開業したてだと、税理士に払う報酬すら惜しいものです。それ自体は利益を生まず、かつ自分でやろうと思えばできなくはないからです。また、税理士を雇うといっても、レシートを集める、売上などを管理する、といった基本的な作業は、結局は自分で行なった上で税理士に伝える必要があります。いくら税理士でも、あなたが報告しなかったものまで計算することはできないからです。すると税理士に頼むといっても一定の手間はどうしても必要となり、だったら最後まで自分でやるか……となりがちです。

経理処理や確定申告は、ただ大変というだけでなく、「忙しい時期と重なるので大変」「それ自体は利益を生まないので後回し、苦痛に感じがち」という点があるので要注意です。

決断は、ゴールや正解がないから自分で線を引く必要がある

当然のことですが、自営業になるとすべて自分で判断する必要があります。判断を仰ぐ上司も経

営方針もありません。「自由」であるということは、その自由さによって生じることをすべて受け止める「責任」も同時に生じるということです。会社員であれば、最終的に責任を取ってくれる上司がいます。また、何か損害を出しても、自分の財産から補填する必要はなく、最悪クビになるだけです。しかし自営業は無限責任です。中小企業診断士は多額のお金を預かるといった機会はまずないものの、個人情報の漏洩といった問題は他人ごとではありません。そういった事件を起こしたら、すべての責任を自分でかぶらなければなりません。

「いや、自分はその責任の覚悟はできている。そのリスクを負ってでも、自由が欲しいから独立するんだ、自営業になるんだ」という人もいるかもしれません。そんな人にもう一つ重要なポイントをお話しししたいと思います。

それは「経営コンサルタントはゴールがないから自分で『線』を引かなければならない」ということです。同じ資格業でも、税理士や司法書士は明確なゴールがあることが多いものです。たとえばクライアントの確定申告を代行して完了させる、納税額を計算する、登記を行なう、といったことです。誰から見ても客観的な業務の「終わり」があり、その人がきちんと業務を遂行したかどうかの明確な判断基準があります。

しかし中小企業診断士、経営コンサルタントの場合はそうではありません。たとえば売上改善の助言をするのに、「これさえすれば良い、これ以上の案はない」という完全な解決策はありません。提案内容についても「これならばどんなクライアントでも100％満足してくれる」という客観的な指標はありません。そのため経営コンサルタントの仕事はいくらやってもきりがないし、逆にいくら手抜きをしても相手が満足してくれれば業務を遂行したことになる、とも言えるでしょう。

これこそが、仕事の完了が明確な税理士や司法書士と異なり、「ゴールがないから自分で『線を引く』必要がある、ということです。もしこれが会社員であれば、上司に見せてそれでゴーサインが出れば完了、となるかもしれません。しかし自営になると、どの段階ならゴーサインかも自分で判断しなければなりません。もちろんその責任を負うのは自分です。クライアントが満足しなければ、不十分な段階でゴーサインを出した自分が100％悪い、ということになります。

とはいえこのゴーサインは何をどこまでやればOK、というものではありませんし、必ずしも作業にかけた時間や努力が成果に比例しない、というのが辛いところです。たとえば顧客に研修を提案するのに、その提案書づくりにどれだけ時間をかければ大丈夫、という基準はありません。提出の締切が1週間後の場合、今これをやろう！　と決めても、1週間じっくり考えよう、と決めてもどちらでもよいのです。提案書の作成にかかった時間が5分だろうが、5時間だろうが、5日間だろうが、クライアントが満足すればそれでいいのです。

これは裏を返せば「いくらやってもこれで大丈夫、という確信が得られない」ということでもあります。そのため本来ならば1時間でほぼ完成していた作業も「いや、もうちょっとやった方が……これも見直した方が……」とずるずる続け、結局1日かけてしまった、などということも頻繁にあります。だからこそ、自分で「線」を引くことが求められます。

自分の代わりがいない

「フリーランスは身体が資本、だから体調管理が大切」と言われます。これ自体は当たり前のこととあなたも納得するでしょう。私も開業してからは風邪などを引きにくくなったように思います。これは昔よりも体調管理に気をつけるようになった、というだけではありません。常に休めないという緊張感があるため、精神的なプレッシャーで風邪など引いていられない、という意識もあるからだと思います。とはいえ病気になるときはなってしまうものです。自営業の人ならば「体調が悪かったがどうしても休めない仕事があったので、なんとか気力で乗り切った」という経験が一つや二つはあるのではないでしょうか。私は実際、鹿児島での研修の際に起こりました。

私が広島商工会議所で研修を行ったことで、類似のテーマでのセミナーの依頼を鹿児島商工会議所の方よりいただきました。私としても鹿児島は数年前にプライベートで一度行ったことがあるだけでしたし、遠方からこのように私を呼んでくれたことが嬉しく、いつも以上に張り切って準備をしていました。

ところがその2日ほど前のことです。喉が少しずつ痛み出しました。最初は空気が乾燥しているからかな、という程度に思っていましたが、なかなか痛みが引きません。徐々に私の嫌な記憶が蘇ってきました。以前、のどに炎症が起き、それが高熱を引き起こして入院の一歩手前の症状になり、会社を一週間ほど休んでしまったことがありました。しかも唾液が飲み込めないほどのどの激痛と高熱が続いてのたうち回り、当時はわざわざ大学病院まで行って点滴を受けていました。しかもそれは2年続けて起こり、もしかしたらクセのようになってしまったかも、と危惧していました。ところがその後は発症しないので、まったく忘れていました。

このときの記憶が蘇り、喉が少し痛いと感じた時点で耳鼻咽喉科に駆け込みました。もしも鹿児島商工会議所でのセミナーが間近に控えていなければ、もっと様子を見ていたかもしれません。診察してもらうと、やはり軽度の炎症になっていました。安静を勧められましたが、仕事の事情などを話し、炎症を抑える薬や解熱剤、痛み止めなどを処方してもらいました。微熱とのどの痛みは続きましたが、早期に薬を服用したのが功を奏したのか、若干の悪寒とのどの痛み程度でとどまり、なんとか鹿児島でのセミナーを終えました。実際には喉が痛く声も出しづらかったのですが、受講している方や鹿児島商工会議所の方には関係ありません。私の事情は一切告げず、なんとかセミナーをやり切りました。あのときもっと症状が重かったら、あるいは油断して病院に行かなかったら、と思うとぞっとします。

自営業になると、このように病気の前兆についての直感も自然と感度が高くなります。大事な仕事に穴を開けるわけにはいかないからです。何か失敗をしてから逃した魚は大きかった、と悔やんでもそれを取り返すチャンスはまずやってきません。幸い私は病気での大きなトラブルは今のところありません。とはいえ人間ですから、予期せぬ病気や事故になることもあるでしょう。そこで今回たまたまうまくいった私のケースのように、自分自身にも取引先にも、いかに被害を最小限にするかの対処が必要となります。

叱ってくれる、注意してくれる人がいない

独立開業すると、法人化するかどうかは別としても、自分がトップになります。自分の上司はいません。周りの人はあくまでも「取引先」や「関係者」となります。すると、自分の至らない点や問題点を指摘したり注意したりしてくれる人がいなくなるのです。

これはあなたが逆の立場、たとえば発注する側だったらと考えてみればわかります。もしも発注先の相手の作業に不備や不満足な点があったら、あなたはどうするでしょうか。あなたは相手の「作業」のアウトプットを求めているわけで、相手の人間的な成長を願っているわけではありません。だから作業そのものに文句を言ったり注文をつけたりはするかもしれませんが、相手がどういう人間になってほしいかといったことは普通考えません。何か注意したり指摘したりするとしても、それは自分が「成果」を求めてであって、相手はあくまでも取引先であり発注先に過ぎません。もしくは「この発注先はダメだ」と見切りをつけ、二度と発注しなくなる、というだけです。わざわざダメな点を指摘する義理は発注側にはないからです。こう考えると、「発注される」側は、叱ったり注意したりしてくれる人がいなくなる、ということがわかるでしょう。

「自分は誰かに叱られるのなんてまっぴらごめんだから独立開業するんだ。誰にも叱られないなんて願ったり叶ったりじゃないか」

と思うかもしれません。しかし、叱ってくれるということは自分のダメな部分を発見し、改善するチャンスでもあるのです。小売業やサービス業では「クレームを言ってくれるお客さんは、そのクレームが解消されたら、その店の大ファンになる」と言われます。一般に9割以上の人は、何か不満があっても何も告げず、ただ黙ってその店を利用しなくなるだけだと言われます。クレームを伝えるということは、それだけのエネルギーを使い、改善してほしいからと期待しているからです。だからこそ、クレームが解決されたら熱狂的ファンになることも珍しくありません。クレームを言ってくれる人こそ「この店の欠点を教えてくれる人」と大事にしなければならないのです。

このように自分の欠点や短所、弱みに気づく機会がない、というのは非常に大きい損失です。あなたに不満があっても、ただ離れていくだけで、それを教えてくれることはないからです。その欠点のせいで顧客の満足度が低かったり受注が得られなかったりしているのかもしれないのに、それを知る機会すらないというのは非常にもったいないことです。

幸い私は先輩の中小企業診断士や懇意にさせていただいている方々から、至らない点については指摘してもらう機会があります。とはいえ一般の会社の上司と部下という関係ではないので、先方としては言い淀んでいることもあるはずです。愛情があれば苦言を呈されても問題ない、とどれだけ自分が「お叱り」を許容しているか、オープンな気持ちで受け入れているか、も相手の言いやすさのポイントだと思われます。

とはいえ、もちろん怒られて腹が立ったり、気持ちがへこんだりすることもあります。私はけっこう引きずる方なので、精神的な悪影響が長く続くことも珍しくありません。とはいえずっとそんな状態では仕事に支障をきたします。そこで、気持ちがへこんだときに立ち直る5箇条を自分なりに見つけ、整理しました。

へこんだときに考えるべき5箇条

（1）これで自分が成長できたと思う……確かに辛いが、こういう辛い思いをするからこそ成長するんだ。

（2）今は大変でも、あとから振り返れば大したことではない……時間が経ってから振り返ると、むしろいい経験だったと感じるものだ。

（3）「嫌われたのでは」「もう仕事は来ないのでは」などと相手の気持ち、感情を勝手に推測しない……発言を裏読みし過ぎない、事実だけに対処する。

（4）上の人は「自分は偉い」ことを誇示したい……何も問題がなくても「自分の方が目上だからお前に指示できるんだ」と誇示したいだけのこともある。

（5）〝たかが仕事〟に過ぎない……仕事が人生の全てではない、これで命までとられるわけではない。

これら以外にも独立開業した中小企業診断士と会社員の違いについて感じる、さまざまなことをご紹介します。

本を読むときは「ネタ」か「趣味」の二極化

漠然と、その時流行りのいわゆる「ビジネス書」を読むことがなくなりました。中小企業診断士は自分の頭をフル回転させて成果を出すことが仕事であり、それによって報酬がもらえます。そのため、成果に関係ない中途半端な「スキルアップ」などに頭と時間を使うことがもったいなくなります。

現在、本を読む目的は、研修やコンサルティングの「ネタ」探しか、あるいは純粋に「趣味」として読むことが中心です。読書量は会社員時代に比べ減少しました。とはいえ質の良いアウトプットをするには定期的なインプットも必要なので、本を読む時間も優先的に取りたいとは思っています。しかし現実的には難しいものです。

所属、肩書きがなくなることの不安と気楽さ

あなたが何者であっても、「○○社で働いている」と言えば、相手はあなたのことを「○○社の××さん」と記憶に残します。それが自分の知らない企業であっても、その人がどこかの組織に所属しているというだけで何となくアイデンティティを感じるものです。ところが独立開業すると、自分の屋号はあるとしても、基本的には「幸本陽平」として仕事をしていきます。これは急に徒手

空拳、自分がどこにも居場所がないような感じで、ふわふわするものです。いちいち自分は何をしているのか、何者か、と説明せねばならず、その説明もそう簡単には伝わりません。

一方、時間が経って開き直れば、肩書きがない気楽さもエンジョイすることができます。転勤も配置転換もない、所属がないことの気楽さを楽しめるようになればしめたものです。ちなみに私はその心境になるまで2年かかりました。

自分が所属していた企業・団体への距離感と愛情

あなたが「中小企業診断士として独立開業しました」と挨拶に行くとします。すると相手からはほぼ100%の確率で「以前はどんな仕事をされていたんですか?」「以前はどこにお勤めでしたか?」と聞かれます。自分はこれから中小企業診断士としていろいろなことにチャレンジするぞ、と意欲に燃えているのに、昔のことばかり根掘り葉掘り聞かれると「そんなことよりも今の俺を見てくれ!」と叫びたくなってしまいます。

とはいえ人は過去の実績で判断するものですし、過去の経験の蓄積が今後の独立診断士としての活動に役立つのも事実です。独立前に所属していた会社のことを聞かれると、そういった質問の対象になるような仕事や経験をしていてよかったと思う反面、今は今なんだから昔のことばかりではなく今のことを聞いてくれ、という相反する感情が起こってくるものです。

常に失職や受注ゼロの恐怖、危機感

これはおそらく永久になくならないでしょう。今どんなに売れっ子だとしても、来年には仕事がゼロになるかもしれないからです。すると必然的に収入はゼロになります。もちろん大手企業だって今はどうなるかわからない時代だから、と言われることもあります。とはいえよほどの不祥事でも起こさない限り、大手企業の売上が突然ゼロになることはないでしょう。仮に万が一倒産しても、さまざまな保証は受けられます。場合によっては国が企業を税金で助けてくれることさえあります。

開業したてで売上に乏しいときは、本当に出口の見えない真っ暗なトンネルを歩んでいるようでした。その閉塞感、恐怖感は体験しないとなかなかわからないものです。永久にこの状態が続くのではと感じ、まったく糸口や打開のヒントすら見つからない状態でした。今でこそまずまず忙しくなってきてはいますが、それでもこの恐怖は常にあります。実際、わずか半年先のスケジュールは今でもかなり空きがある状態です。もしこのまま埋まらなかったら、という心配は常にあります。それに耐えられる心臓の持ち主でないと、自営業は難しいでしょう。

努力と結果が結びつかない虚しさ、徒労感

もちろん会社員でも「頑張ったけどうまくいかず結果が出なかった」「結果が出なかったので人事考課が厳しかった」ということはあるでしょう。とはいえ会社勤めをしていると「努力」や「頑張り」は誰かがどこかで見てくれているものです。それがその場では成果にならなくても、「あいつの姿勢は評価できる」といつか必ずプラスに働いてくれます。

ところが自営業はそうではありません。もちろん努力や頑張りは大事ですが、それを誰かが見てくれるわけではありません。たとえばレストランの料理長がいくら努力している、頑張っている、ということがわかっても、料理自体がおいしくなかったら、あなたはさっさと見切りをつけて二度と行かないはずです。努力が成果に結びつくとは限らない、という点では自営業も会社員も同じか

もしれませんが、その努力が実を結ばなかったら自営業はイコール仕事ゼロ、収入ゼロになります。そのプレッシャーは桁違いです。

そのため私は開業してからしばらくは料理に凝っていて、夫婦の食事のほとんどを私が作っていました（結果、今でも作ることが多いです）。というのも、料理は必ず「結果」が出るからです。作ってその場で自分の成果＝料理が目に見えて、なおかつうまい・まずいといった結果が明白です。仕事の行動は成果に結びつきにくい一方、料理は必ず成果が出るので、当時の私にとっては非常にやりがいがありました。なお、この話を会社勤めの友人にしたところ、まったく共感してもらえませんでした。

会社というものがどういうものか、の感覚を忘れる

独立前は想像もしませんでしたが、独立開業して意外と困ることがこれです。経営コンサルタントの仕事は、基本的には法人＝会社を相手にします。すると、会社で起こるさまざまなことは「会社という環境だからこそ」だったりします。細かいことですが、そんなに嫌な人でなくても常に会

社で顔を合わせているからこそ仲が悪くなったり、ちょっとした設備や制度の不満が積もり積もって会社への大きな不満になったりするものです。また、昼食を一緒に食べたり、何気ない雑談をしたり、ということを通じて、社員同士の関係が深まったりもするものです。実際に化粧品会社に勤務していた頃、ひょっこりと顔を出した取引先の人が社長とある南の島について雑談し、それが盛り上がってその島で取れる自然素材を化粧品の原材料に使うことになった……というケースもありました。

ところが独立開業の自営業となるとそうはいきません。一日誰とも話さないことも珍しくありません。また、他の診断士と連携したりすることもありますが、あくまでも「パートナー」や「取引先」であり、会社の同僚とは異なります。「会社員としての悩み」は「会社員としての生活」をしているからこそ起こることもあるため、「会社勤め」から遠ざかるほど、そういった普通の会社員の生活が想像しにくくなります。会社勤めだけしかしたことがない人は、自営業の生活や仕事が想像しにくいはずです。その反対だと思っていただければよいでしょう。これは会社勤めをしていたころには気づかないことでした。

これまでさまざまな「自営業と会社勤めの違い」「自営業になって初めてわかったこと」を挙げました。共通して重要なのは「これまでの生活や仕事との違いを受容し、楽しむ」ということです。ライフスタイルや仕事の進め方などで、独立開業することで予期せぬ変化があったとしても、それは「変化」ではなく「これまでは別のやり方があることに気づいていなかった」だけなのです。会社員としての普通と、自営業としての普通、両方があるというだけです。これが違う！　あれが違う！　と一喜一憂するのではなく、「これは会社勤めの頃にはなかった自営業ならではのことだな、面白いな」と楽しむ心の余裕が独立開業には求められます。

以上はあくまでも私が中小企業診断士として開業した後に体験し、考えたことにすぎず、すべての人に共通であるわけではありません。その人の状況や環境、考え方などによって個人差はあるでしょう。また、本書を読んで頭で理解することと、実際に自分で身をもって体験することはまた異なるはずです。私は独立当初は妻と共働きだったこともあり、「家族を養わなければ」という意識はさほどありませんでした。しかし、家族が多い人や住宅ローンなどを抱えている人には、私にはなかった悩みもあることでしょう。中小企業診断士として独立開業するのに、絶対の成功の法則はありません。どんなに準備して研究しても実際の仕事がうまくいくとは限らないし、事前準備には限界があります。とはいえこれまでの内容を参考として、あなたがつまずきそうなトラブルや思いもよらなかった事態を事前に予測し、対策に役立てていただければ幸いです。

おわりに

中小企業診断士とはどのような仕事か、改めて考えてみました。私なりに言い表すと、中小企業診断士の仕事は

「経営者に寄り添い、未来を指し示し、共に歩む」

と言えるのではないかと思います。

現在、世界経済も社会情勢も、私達の想像を超える速度で変化しています。ビジネスに関しても、従来の常識ややり方がすぐに通用しなくなっています。日本の電機メーカーが中国や韓国のメーカーに押されて国際競争で後塵を拝すなど、バブル期には誰も予想しなかったでしょう。反対に今、業績好調の企業やそのビジネスモデルも、いつまでも続くとは限りません。もともとＩＴ業界などは「ドッグイヤー」と言われます。犬は成長が早く1年が人間の7年に相当するため、従来の7倍の速度で技術革新が進む、という意味です。最近ではさらに早く、従来の20倍もの速度の「ラットイヤー」で進んでいるとさえ言われています。

そのためビジネスの「成功のセオリー」や「○○で売上アップ」といった手法も次々と古くなり

陳腐化していきます。かつての成功事例や「私はこれでうまくいった」という体験はすぐに役立たなくなり、かえって邪魔なほどです。本書でも触れましたが、有名大企業のＯＢの人だからといって「今」の中小企業の現場で役に立つとは限りません。

未来のことは誰にも予測できません。10年後どころか、明日のことすらわからないのが実情です。しかし、だからといって「未来を考えても意味がない」と放棄するのも危険です。たとえ１００％の正解ではないにせよ、未来について考え、予測し、それにむけて手を打っておくのが経営者の仕事です。

ただこれは言うほど簡単なことではありません。江戸時代から明治時代となり、多くの人が着物ではなく洋装、すなわち洋服を着るようになりました。そうなると和装に合わせた「下駄」を履く人は少なくなります。そのとき、下駄を売る下駄屋はどうしたでしょうか。おそらくあなたは「下駄はもうあまり売れないから靴屋になって革靴などを売るようになったのだろう」と思うことでしょう。ところが実際には多くの下駄屋はそのまま下駄を売り続けたそうです。もちろんそれでは売れ行きが悪くなり、廃業する下駄屋が続出したそうです。

それから１００年以上経っている私達からすれば「文明開化で下駄が売れなくなるのなんて当然

じゃないか、さっさと靴を売ればよかったのに」と思うことでしょう。しかし当時の人としてみれば、下駄が売れなくなったといってもあるとき突然売れなくなったわけではなく、少しずつ徐々に、じわじわと売れ行きが下がっていった、という程度にしか感じていないはずです。そんなとき、先見性のある一部の人は「もう下駄はダメかもしれない、代わりのものを売ろう」と考えたかもしれません。しかし多くの人は100の売上が次の年に95になった程度では「5％減か、まあしょうがないな」という認識でそのまま下駄屋を続けたはずです。

さて、私たちはこの「下駄を売り続けた下駄屋」を笑うことができるでしょうか。現状から5％変化した程度でそこから先の未来を予測し、行動を起こすことができるでしょうか。現状で成功していると言われる企業や個人は、その予測と行動がうまくいったから「成功」したと言われるように思います。もちろん「予測」すること自体が難解ですし、他と違うことをするのはリスクもあります。あいつだけおかしなことをしている、と後ろ指をさされて笑われるかもしれません。しかし、世の中を変える商品やサービスを生み出すのは、得てしてこのような誰にも見えない未来を見ている「変わり者」でもあるのです。

中小企業診断士もここまで大げさではなくても、経営者と寄り添い、「未来」を見るお手伝いをしなければなりません。経営者に限らず、人は誰でも「自分が見たい未来」を見るものです。それはこうなってほしい、こうなるはずだ、という未来であり、願望と何ら変わりありません。経営者も自分の想い入れと現実のニーズを混同し「いい商品だから売れるはずだ」「高くてもいいものだから富裕層に売れるはずだ」と思ってしまいがちです。本人は心からそう思っているのであり、決して安易なわけでも楽観的なわけでもありません。そこで経営者に現実的な助言を行い、向かうべき未来を指し示し、そこに向かう具体的な方法を考えて実行する。それが中小企業診断士のあるべき姿だと思います。

この「未来」について、思い浮かぶ二つのエピソードがあります。

一つは「未来」にやってくる「流行」と自分の仕事の関係についてです。先日、人気放送作家・プロデューサーのおちまさと氏の話を聞く機会がありました。おち氏は次のようなことを話していました。

「みなさんは私がヒットメーカーで、流行を追いかけて摑んでいると思っている。しかし私は流行を追いかけることはしない。流行はくねくねと蛇行するので、流行を追いかけても近づくだけでいつまで経っても追いつけない。しかし、自分が一本芯を通し、ひたすらまっすぐ進んでいると、くねくね蛇行した流行が向こうからぶつかってくれる。そんなときがいつか必ず来る。その瞬間に全力を注ぎ込むんです」

私はこの話を聞いて、いわゆる「突然ブレイクした芸能人」を何人か思い浮かべました。彼ら・彼女らは、何かこれまでと違うことをしてそれがうまくいって突然ブレイクした、というケースはあまり多くありません。芸風を変えたわけではないのに、ある機会をきっかけに「発見される」というケースが多いように思います。たとえ短期的に成果が出なくても、同じことを継続的かつ愚直に続けてきたからこそ、その強みが研ぎ澄まされるのでしょう。そしてそれがくねくねと蛇行する流行とあるときにぶつかり、ブレイクするのではないかと思います。

中小企業診断士、特に私の仕事にもそのような側面があります。私はこれまではどちらかというと自分本位、「自分がどういう人物であれば雇ってもらえるか」という視点で仕事を行なってきました。率直に言えば「どんなことならカネになるか」という視点で、あるときはブランド、あるときは研修、あるときはセミナー……と片っ端から思いつくままに実行していました。どうやれば自分が評価されるか、使ってもらえるか、そのためには自分の「ウリ」をどうすべきか。そういったことを四六時中考えていました。

しかしこれは今思うと、おちまさと氏の「流行を追いかけている」状態です。この場合、流行とは「中小企業が中小企業診断士に求めていると思われること」「仕事になりそうなこと」と置き換えてもいいでしょう。それを追いかけよう、捕まえようとすることばかりに必死でした。今度はこれをやってみよう、それがダメだったら次はこれだ、と自分本位に追いかけるばかりで、真のニーズとはいつまで経っても交わりません。そのような状態が続き、何をやってもうまくいかない、どうすればいいんだ、と苦闘していました。

開業して2年ほど経ってからようやく「これではダメだ」ということに気づきました。私は自分の生活費やプライドばかり気にして、中小企業を本当の意味で支援しよう、お手伝いしよう、と思ってはいなかったのかもしれません。また、自分の知識や経験を、中小企業に教えて「あげる」という態度もにじみ出ていたのでしょう。それらを反省し、改めて自分はなぜ中小企業診断士になったのか？　自分ができることとは何か？　といったことを、仕事やお金といったことを抜きで考えました。そうすることで「自分のやるべきことをやれば結果はついてくる、目先の収入や仕事の中身のことを考えるのはやめよう。目の前のお客様や取引先にまずは全力を尽くそう」と思うようになりました。

それから3カ月〜半年経つと、自然と事態は好転しました。素晴らしい方々とのネットワークが生まれたり、商工会議所から研修の依頼が来たり、産業振興機構のナビゲーターに就任したり、とさまざまな案件が動き出しました。もちろんそれまでに営業をするなど地道に種を蒔いてきた成果もあります。しかしそれだけではなく、「とにかく仕事がほしい」という姿勢を改め、「中小企業のために自分ができることは何か」という原点に立ち返ったからだと思います。

だからこそ中小企業にも、流行りのビジネスモデルや経営手法に惑わされず、自分の「芯」をまっすぐに貫いてほしいと思います。大企業の真似をしてミニ大企業になっても意味がありません。経営者、商品、経営理念など、なんでもいいので「これこそが我が社らしさだ」「これこそが我が社の経営をする意味だ」というブレない柱を持ってもらいたいと思います。その芯や柱を確固とすることなく「つぎはこれを作ってみよう」「これだったら売れるかも」と手当たり次第に動いても、結局は流行を追いかけ続けるにすぎません。時代の変化が早く、予測が難しい現代だからこそ、人も企業も「揺るぎない価値観」が重要になっていると感じます。

未来についてのエピソードのもう一つは「未来の予測」についてです。

あるウェブサイトで、昭和30年代の少年向け雑誌に掲載された「未来の生活はこうなる」という特集ページを集めた記事を見たことがあります。「テレビ電話」や「自走電気掃除機」など実用化したものから、「21世紀は移動も革命的になり、ホバークラフトが普及する」といった非現実的なものまでさまざまです。もちろん少年・少女向けの内容なのでロマンはあるのですが、ほとんどがSFの世界で、今となっては荒唐無稽なものばかりです。改めてそれらの未来予測を見て気づいたことがあります。それは「人は現実の延長でしか物事を想像できない」ということです。

たとえば未来予測にテレビ電話やコンピュータで授業を行う学校は出てきました。しかしインターネットやEメール、もしくはそれに近い概念は出て来ません。新聞が電話機から出てくる「ファクシミリ新聞」なるものはありました（当時、家庭用・業務用共にファクシミリ機はほとんど流通していません）。それならば「新聞そのものをテレビのように画面に映そう」「その画面をテレビ電話のように配信しよう」「テレビのチャンネルを変えるようにさまざまな新聞を読めるようにしよう」などと考えてもよさそうなものです。しかしこれは私がインターネットを知っているからこそ出てくる発想であり、当時の人には思いもよらなかったのでしょう。

ここまで大げさではなくても、企業の経営者も同じように「現在の自分の知識、経験、常識」を元にして、その延長線上で経営を行ないます。それがそのまま現実の未来に反映されることはまずありません。そこで中小企業診断士によるサポートが有効になります。もちろん中小企業診断士といえども、未来を的確に予測できる力があるわけではありません。しかし資格に基づく知識はもちろん、数多くの他の企業を診断してきた経験の蓄積があります。それによって「あっ、この企業は以前支援したA社と似ているな。あのときは生産の体制が問題だったな」と気づき、早めに手を打てます。また、「製造業の支社の運営」と「小売業の支店の運営」など、直接は関係がない業種・業態で思わぬつながりがあって一方の経験を活かせるなど、経営者本人では気づかない視点を提供できることもあります。一般に中小企業では、経営方針について部下が社長に進言することはほとんどありません。経営者は孤独なのです。そんな経営者に第二の視点を示し、道を指し示すことも中小企業診断士の重要な仕事だと思います。

本書を執筆中、妻が第一子を出産しました。妻も私も育児に追われ、親になった大変さと喜びを感じながら慌ただしく過ごしています。妻と私とで子守歌を歌ったり遊んだりすると目をキョロキョロ、手をピョコピョコと動かす子どもを見て、改めて「この子が大きくなったとき日本は、そして世界はどうなっているのだろう」と考えるようになりました。私は仕事ではビジネスや企業の未来を考え、行動します。そうした行動の一つ一つの積み重ねが私たちの未来を作っていきます。未来とはどこかにぼんやりと存在するものではなく、私たちの日々の行動の積み重ねです。企業のために、我が子のために、そして将来の私たちのために、より良い未来を築けるような中小企業診断士でありたいと思っています。

［著者紹介］

幸本 陽平（こうもと ようへい）
一橋大学商学部卒。中小企業診断士。外資系化粧品会社、日系化粧品会社にて高級化粧品のマーケティングを担当。販売促進を中心としたメンバーシッププログラムやウェブサイトの運営、ユーザー調査などを行う。日系ブランドの海外進出や海外ブランドの日本導入、新ブランドの立ち上げなどにも携わる。2010 年、広島市に転居し幸本陽平事務所を開設。現在は企業の研修やコンサルティング、セミナーなどを中心に活動する。公的機関での経営指導や創業支援なども行なっている。

中小企業診断士　シリーズ〈わたしの仕事〉③

2013 年 9 月 14 日　第 1 刷

著　者　幸本陽平
発行者　村上克江
発行所　株式会社　新水社
〒 101-0051 東京都千代田区神田神保町 2-20
http://www.shinsui.co.jp
Tel 03-3261-8794　Fax 03-3261-8903

印刷　モリモト印刷株式会社
製本　ナショナル製本協同組合

ISBN 978-4-88385-162-1

シリーズ〈わたしの仕事〉

＊好評発売中

①音楽療法士

長坂希望［著］　定価：1575円

「音楽療法士」ってどんな仕事？　どんなことをするの？　どうすればなれるの？　音楽療法士になるために必要なこと、具体的な仕事の手順や内容、さらには自分でできる音楽の活用法をやさしく解説。音楽療法士をめざすひとのためのQ＆Aも充実。

②看護師

近藤隆雄、松谷容範、中友美［著］　定価：1680円

看護師としてあなたらしく輝くために。

金銭面、採用、仕事内容、転職、ライフサイクルとワークライフバランス、アメリカで働くこと、患者さんとの出会いなど、「看護師の仕事」を多方面から分析、考察！

＊刊行予定

④栄養士／管理栄養士（仮）

日本健康食育協会［著］

近年注目を集めている栄養士の仕事とは？

栄養士と管理栄養士の違い、試験について、仕事内容やキャリアアップなど、インタビューで見ていきます（予定）。

⑤社会保険労務士（仮）

大東恵子［著］

＊定価表示はすべて税込みです。